C. ALAN AMES

Durch die Augen Jesu

Band 2

MIRIAM-VERLAG

Gemäß den Dekreten Papst Urbans VIII. wird hiermit erklärt, dass den in dieser Schrift aufgeführten Erscheinungen und Heilungen keine andere als menschliche Glaubwürdigkeit beigemessen wird und dem Urteil der Kirche über ihre Übernatürlichkeit in keiner Weise vorgegriffen werden soll.

Internet: www.alanames.org/de

Widmung

In lieber Erinnerung an Willie Hickey,
einen Mann Gottes und guten Freund.

Diese deutsche Ausgabe ist eine Übersetzung des englischen Originaltitels *Through the Eyes of Jesus, Volume II.*

Imprimatur:
Die englische Originalversion erhielt 2003 das Imprimatur, veröffentlicht unter dem Titel *Jesus speaks to Me,* 1. September 2003, erteilt von Rt. Rev. Percival Fernandes, Weihbischof von Mumbai. Die arabische Übersetzung erhielt am 15. August 2011 das Imprimatur des Lateinischen Patriarchen Fouad Twal von Jerusalem.

8. Auflage 2021

www.miriam-verlag.de

Satz und Druck: Miriam-Verlag
ISBN 978-3-87449-277-5

Inhaltsverzeichnis

St. Mary's Cathedral

Address: Victoria Square, Perth, Western Australia, 6000
Telephone: (09) 325 9557 Fax: (09) 221 1716

Vorwort

Als mich der Erzbischof von Perth in Westaustralien, B. J. Hickey, im Jahr 1994 darum bat, Carver Alan Ames unter meine Fittiche zu nehmen, zögerte ich zuerst, ja, ich war sogar skeptisch.

In den vergangenen Jahren lernte ich Alan als sein Seelenführer und Beichtvater gut kennen und habe mit ihm gute und schlechte Zeiten durchgestanden, während denen er die Nähe seines Herrn erfuhr und die oft heftigen Angriffe Satans ertrug. Dass er von der Heiligen Dreieinigkeit, von Unserer Lieben Frau und den Engeln und Heiligen für einen besonderen Zweck gebraucht wird, daran habe ich keine Zweifel. Seine Demut, Nächstenliebe und sein Gehorsam gegenüber seinen kirchlichen Vorgesetzten sind die Kennzeichen eines wahren Dieners Gottes. Ungelehrt in der Theologie und der Heiligen Schrift, spiegeln seine Schriften trotzdem erstaunlich die rechte katholische Lehre wider, und seine Verehrung der heiligen Eucharistie, Unserer Lieben Frau und des Papstes sind ein Beweis seiner Treue.

Mein Zögern und meine Skepsis sind verschwunden. Warum Gott mich auserwählt hat, der Seelenführer dieses Mannes zu sein, verstehe ich nicht. Dass ich sein Freund sein darf, schätze ich sehr, und ich empfehle dieses Buch allen, die dem Herrn mit offenem Herzen und Sinn entgegengehen möchten.

Fr. Gerard Dickinson

Am Fest Mariä Himmelfahrt 1996

Empfehlungsschreiben von Bischof H. J. Kennedy

Herr Carver Alan Ames, der Autor der zwei Bücher *Botschaften an Carver Alan Ames* und *Durch die Augen Jesu*, Band 1, hat mich eingeladen, das Material vor dem Druck des zweiten Bandes von *Durch die Augen Jesu* durchzulesen, das er zum Druck vorschlägt, und möglicherweise etwas darüber zu schreiben, das er veröffentlichen könnte.

Ich traf ihn das erste Mal, als er eine Ansprache für diejenigen hielt, die am Samstag, dem 1. Februar 1997, nach einer Vigil-Messe um 18 Uhr in der katholischen Kirche von Epping, New South Wales, noch dageblieben waren.

Eine beachtliche Anzahl Menschen blieb zu seiner Ansprache, und viele kamen, dass er ihnen im Gebet die Hand auflegte, nachdem sie dazu eingeladen worden waren, wenn sie das wünschten. Bei all dem war ich anwesend.

Der ganze Anlass war sehr bewegend. Ich war tief beeindruckt von dem, was ich hörte und sah. Für mich war es eine große Auszeichnung, dass ich unter denen sein durfte, die danach im Pfarrsaal mit ihm das Abendessen einnahmen. Persönlich habe ich ihn nicht mehr getroffen, doch habe ich ein paarmal mit ihm telefoniert.

Die zwei Bücher habe ich gelesen – nicht alles aus den *Botschaften an Carver Alan Ames,* aber sicherlich von der ersten bis zur letzten Seite des Buches *Durch die Augen Jesu,* Band 1, was mir sehr gut gefallen hat. Die Sprache und der Stil sind einfach und fesseln das Interesse, und die geschilderten Ereignisse und Szenen geben einem sehr viel Stoff zum Meditieren und Betrachten, während man beten und gute Vorsätze fassen möchte.

Er versichert, dass der Herr selbst diese Ereignisse und Szenen offenbart als einen Teil Seines Lebens mit Seinen Jüngern auf der Erde, um uns zu lehren, wie wir leben und lieben sollen. Es ist zu bedenken, dass Alan Ames eine sehr dürftige allgemeine Schulbildung hat und nie Philosophie oder Theologie studierte.

In seinen Schriften konnte ich nichts entdecken, was gegen den Glauben oder die Moral stehen würde, wie sie von der katholischen Kirche gelehrt werden, und das gilt auch für Band 2 von *Durch die Augen Jesu*. Alan ist streng konventionell, führt ein sehr frommes Leben und hat durch sein Leben, seine Schriften und Ansprachen bereits viele beeinflusst, ihr Leben zu ändern – einige konvertierten sogar zur katholischen Kirche.

Darf ich Ihnen vorschlagen, dass Sie, wenn sich Ihnen die Möglichkeit bietet, ihn sprechen zu hören oder seine Schriften zu lesen, davon Gebrauch machen und selbst sehen, was ich durch diesen Brief vermitteln wollte, denn ich empfehle ihn und seine Schriften sehr.

S. Ex. H. J. Kennedy
Bischof von Armidale i. R.
New South Wales
Australien, 1. Mai 1997

Einleitung

Jesus Christus, der Herr, spricht seit Februar 1994 zu mir und erscheint mir in Visionen. Zuerst schrieb ich nichts auf, doch später bat Gott mich, einen Stift zu nehmen und niederzuschreiben, was ich erlebte. Am 6. Februar 1996 begann Jesus dann, mir einige Episoden Seines Lebens auf Erden zu zeigen.

Durch Seine Augen begann ich einzelne Geschehnisse zu sehen, die sich ereigneten, als Er mit Seinen Jüngern durch die Städte und Dörfer im Heiligen Land zog. Während dies geschah, schenkte Er mir auch die Gnade, Seine Gedanken zu empfangen.

Als ich diese Szenen der Liebe Gottes sah und hörte, wurde ich oft von Tränen der Traurigkeit oder Freude überwältigt. Jede Offenbarung schien eine Lehrstunde zu sein, über die nachgedacht werden sollte, denn durch die Offenbarung dieser Geschehnisse lehrte Er uns, wie wir leben und lieben sollen.

In Judas begann ich all die Schwächen zu sehen, die so viele von uns haben, und wie leicht es ist, von Gott weggeführt zu werden, wenn wir Ihn ignorieren oder vergessen, der immer bei uns und bereit ist, uns zu helfen. Durch Judas wurde mir auch gezeigt, dass der Herr Jesus jeden Fehler vergeben wird, den wir im Leben machen, weil Er uns so sehr liebt. Wir müssen nichts weiter tun, als Seine Liebe anzunehmen und um Seine Vergebung zu bitten.

Die Versuchungen, Gefühle, Probleme und Wünsche der Menschen zu jener Zeit gleichen so sehr denen von heute. Vielleicht ist dies ein Grund, warum der Herr uns diese Einblicke gibt, um uns zu zeigen, dass es möglich ist, sich selbst und die Sünden zu überwinden. Wir müssen Gott nur rufen, da Seine Hilfe nie ausbleibt. „Bittet, und ihr werdet empfangen.“ In diesen Textstellen zeigt Er uns den Weg.

Die Visionen und Worte dauern an.

C. Alan Ames, 27. Juli 1996

Über das Bild auf dem Buchcover

Im Juli 1996 fragte ich mich, was der Herr wohl auf der Vorderseite dieses Buches wünschen würde. Ich stand da und lehnte mich auf meinen Schreibtisch, als das Bild, das Sie auf der Vorderseite dieses Buches sehen, von einem der Regale vor mir niederfiel. Jesus sagte: „Das ist das Bild, das verwendet werden soll."

Als ich in die Augen Jesu auf dem Bild sah, schien ich in sie hineingezogen zu werden, und ich konnte die tiefe Liebe des Herrn spüren. Dieses Bild zeigt aber nicht, wie ich den Herrn sehe, obwohl es einige Ähnlichkeiten aufweist, und doch konnte ich Seine Liebe daraus erfühlen.

Wenn der Herr mir erscheint, bin ich oft überwältigt von Seiner Liebe, Seiner Barmherzigkeit und Seiner Vergebung. Manchmal beginne ich zu weinen, wenn ich die Tiefe Seiner Liebe für mich und für alle Menschen spüre. Ich sehe den Herrn mit braunem Haar und Bart. Seine Haut ist leicht gebräunt, und er ist groß. Wenn ich die Bilder von Jesus ansehe, wird Ihm keines gerecht, doch alle sind Ihm ähnlich, so wie ich Ihn sehe.

Es fällt mir schwer, die Zärtlichkeit, Liebe und Freundschaft, die ich von Jesus erfahre, zu erklären, so wie es auch schwer ist, eine volle Beschreibung abzugeben, wie Er für mich aussieht. Ich habe noch kein Bild gesehen, das Ihm völlig gleicht, doch da der Herr dieses Bild für das Buch vorgeschlagen hat, weiß ich, dass Er es will und dass Er Seine Gründe dafür hat.

Durch die Augen Jesu

Am Lagerfeuer

5. August 1996

Wieder wurde es Abend; wir machten ein Feuer, um das herum wir lagerten. Ich saß auf einem Felsen und schaute Meinen Jüngern zu, die das Lager für die Nacht vorbereiteten. Judas hatte für sich die bequemste Stelle bei einem großen Baum gefunden, gegen den er sich lehnen konnte und der ihm Schutz vor dem Wind bieten würde. Jakobus und Johannes halfen einander, ihre Schlafstelle so bequem wie möglich herzurichten. Petrus saß auf seiner Decke. Er hatte sich nicht allzu sehr um Bequemlichkeit bemüht, seine Habe einfach ausgebreitet, sich hingesetzt und schaute ins Feuer. Bartholomäus, Matthäus, Thomas, Simon, Andreas und Judas (nicht Iskariot) suchten nun nach Holz, damit das Feuer eine Weile brannte.

Meine anderen Jünger begannen, eine Mahlzeit zuzubereiten. Es war beinahe still, da niemand sprach. Das einzige Geräusch kam vom Knistern des Feuers und von den Arbeiten, die sie verrichteten. Ich schloss die Augen und dachte daran, wie diese Männer sich in Meiner Liebe zusammengeschlossen hatten, um eine Familie zu werden. Ich sah, wie künftig Millionen und Abermillionen von Menschen dasselbe tun würden, um die Familie Gottes zu bilden. Ich sah, wie unterschiedlich jeder Meiner Jünger war, wie es bei allen Menschen ist, und wie sie dennoch in Vertrauen und Liebe vereint werden könnten, um Brüder und Schwestern in Gott zu werden. Ich sah auch, dass alle Menschen ihre Schwächen haben, und wie ein Blick auf Meine Jünger den Menschen zeigen würde, dass die Schwächen in Meiner Liebe überwunden werden können, wenn man vertraut und glaubt. In Judas sah Ich auch, wie schwer es manchen fiel, ihren Stolz, ihre selbstsüchtigen Gedanken und ihr Bedürfnis nach Reichtum zu überwinden. Ich betete zu Meinem Vater, dass die Judasse in der Welt durch den bevorstehenden Sieg über das Böse ihre Herzen öffnen mögen, um Gottes barmherzige Vergebung zu erbitten.

„Herr“, es war Judas, der sprach und Mich aus Meinen Gedanken riss, „das Essen ist beinahe fertig. Können wir beten?“ Ich lächelte Judas zu und sah, dass er tief im Innern Gott liebte, diese Liebe jedoch meistens mit seinem Stolz überdeckte. „Ja, Mein Freund, es ist gut, dass du das vorschlägst“, sagte Ich, und Judas lächelte zurück. Er war glücklich mit sich und erfreut über Meine Antwort. Wir alle vereinten uns im Gebet zu Meinem Vater, dann begann unser Mahl.

Petrus saß für sich, abseits von den anderen. Er aß nur wenig und sagte nichts, während die anderen angeregt über die römische Besetzung ihres Landes diskutierten. Ich setzte Mich neben Petrus und fragte, obwohl Ich die Antwort kannte: „Was betrübt dich, Mein Freund?“

„Herr, ich dachte daran, dass diese Tage mit Dir zu Ende gehen werden, und das möchte ich nicht. Ich will immer bei Dir sein, doch ich weiß, dass das nicht sein kann, dass Du uns eines Tages verlassen wirst. Wie werden wir ohne Dich überleben? Wie werden wir jeden Tag bewältigen in dem Wissen, dass Du gegangen bist?“, fragte er.

„Petrus, Mein lieber Freund, weißt du nicht, dass Ich immer bei dir sein werde? Selbst wenn du Mich nicht sehen kannst, sollst du wissen, dass Ich bei dir bin. Ich werde dich nie allein lassen, denn Ich liebe dich. Sorge dich nicht so. Ich verspreche dir, dass Ich immer an deiner Seite sein werde. Ich werde dich immer lieben und dich nie verlassen. Wenn die Zeit kommt, heimzugehen zu Meinem Vater, wird Mein Geist dich erfüllen, und du wirst erkennen, dass Ich es bin. Du wirst es erkennen, und du wirst glücklich sein – vollkommen in Meiner Liebe", sagte Ich und umarmte ihn. „Petrus, vertraue Mir, glaube an Mich und sei dir gewiss, dass wir niemals getrennt sein werden."

Er sah Mich an und lächelte schwach zurück. „Ich weiß, Herr, doch manchmal mache ich mir Gedanken", sagte er. „Bald, Petrus, wirst du verstehen, und du wirst nicht zweifeln. Bis dahin wollen wir unsere gemeinsame Zeit genießen", sagte Ich und gab ihm einen kleinen Klaps.

Just in dem Moment kam Judas herüber und sagte: „Kopf hoch, Petrus! Du siehst so traurig aus! Wir haben etwas zu essen, ein warmes Feuer, ein bequemes Bett und unsere Gemeinschaft. Was will man mehr?" Petrus sah Judas traurig an und sagte: „Das frage ich mich auch."

Der Mann, der die Bettler liebte 10. August 1996

Ich schaute auf Meine Jünger und sagte zu ihnen: „Meine Freunde, Ich möchte euch eine Geschichte erzählen." Alle blickten zu Mir und warteten still auf Meine Worte.

„Eines Tages ging ein Mann in den Tempel in Jerusalem. Als er eintrat, spürte er in seinem Inneren, dass er kein Recht hatte, dort zu sein. Er sah das viele Unrecht, das er in seinem Leben getan, und wie oft er die Gebote Gottes übertreten hatte. Wie er so hinten im Tempel saß, fragte er sich, ob Gott ihm vergeben könne. Und er fragte sich, ob Gott ihm helfen würde, sich zu ändern, um ein wahrer Sohn Gottes zu werden. Mit einem Blick auf sich dachte er: ‚Nein, Gott kann mich nicht lieben, denn ich bin so schlecht. Ich wünschte, ich könnte so sein wie diese, die vorn im Tempel beten. Gott liebt sie sicherlich mehr als mich.‘ Vorn im Tempel waren viele, die beteten und über die Heilige Schrift diskutierten. Sie sahen wirklich heilig aus.

Der Mann stand auf und verließ den Tempel. Draußen traf er einen Bettler, der abgemagert war, weil er nichts zu essen hatte. Als der Bettler um Almosen bat, schaute ihn der Mann an und dachte: ‚Der Arme, er leidet, so will ich ihm helfen.‘ Der Mann nahm seine letzte Münze aus dem Geldbeutel und gab sie dem Bettler. Dieser bemerkte, dass es seine letzte Münze war, und sagte: ‚Aber du hast nichts für dich selbst.‘ Der Mann antwortete: ‚Ja, doch deine Not ist größer als meine. Ich kann auch eine Weile ohne auskommen. Nimm nur und kaufe dir etwas zu essen.‘ Der Bettler entgegnete: ‚Ich werde etwas zu essen kaufen, wenn du es mit mir teilst, gütiger Herr.‘ Der Mann meinte: ‚Es ist mir eine Freude, mit dir zu essen‘, und sie machten sich auf, Lebensmittel zu kaufen.

Unterwegs kamen sie an einem anderen Bettler mit zerrissenen Kleidern vorbei, und er sah an diesem Wintertag ganz verfroren aus. Der Mann dachte: ‚Der Arme, ihm ist so kalt.‘ Er schaute seinen Mantel an und dachte: ‚Den brauche ich nicht. Ich habe noch einen anderen.‘ So zog er ihn aus und gab ihn dem Bettler, der dankbar lächelte, als er ihn entgegennahm.

Dann sah der Bettler den Mann nun vor Kälte zittern, weil er seinen Mantel weggegeben hatte, und sagte: ‚Ich kann ihn nicht annehmen, denn sonst ist dir kalt.' Der Mann lächelte zurück und sagte: ,Das ist in Ordnung. Ich habe einen anderen zu Hause.' – ,Ja, aber jetzt ist dir kalt', sagte der Bettler mit dem Mantel.

Der erste Bettler sagte: ,Er hat mir Geld für etwas zu Essen gegeben, und wir gehen einkaufen, um dann gemeinsam zu essen. Komm mit uns, und wenn wir dicht aneinandergedrängt gehen, können wir ihn warmhalten.' Die drei gingen Arm in Arm weiter, und der Mann in der Mitte wurde von seinen zwei neuen Freunden warm gehalten.

Unterwegs kamen sie zu einem Bettler mit blutenden Füßen, der keine Schuhe besaß. Der Mann betrachtete die Füße des Bettlers und dachte: ,Der Arme, sieh nur, wie wund seine Füße sind.' So zog er seine eigenen Schuhe aus und sagte zu dem Bettler: ,Hier, zieh diese an, um deine Füße zu schützen.' Der Bettler mit den wunden Füßen war glücklich über die Schuhe, doch dann meinte er: ,Du hast nichts für deine Füße. Du wirst dich an den Steinen schneiden.' Der Mann antwortete: ,Schon gut, sobald ich nach Hause komme, kann ich meine Füße baden und andere Schuhe anziehen.'

Der erste Bettler begann von dem Geld zu erzählen und lud diesen Bettler zu ihrer Mahlzeit ein. Gemeinsam gingen die vier Arm in Arm, um Lebensmittel einzukaufen. Die Bettler hoben den Mann ein wenig hoch, damit seine Füße nicht zu sehr weh taten.

Unterwegs kamen sie an einer Gruppe von Männern vorbei, die vorn im Tempel gebetet hatten. Als diese die vier herankommen sahen, wechselten sie die Straßenseite, um ihnen auszuweichen.

Einer der Männer aus dem Tempel sagte laut: ‚Es gibt heutzutage so viele Bettler, sie ruinieren die Stadt.' Und ein anderer sagte: ‚Ja, die Tempelwächter sollten sie verprügeln und wegjagen.'

Der Mann, der hinten im Tempel gewesen war, trat vor, um zu protestieren. ‚Diese Bettler richten keinen Schaden an, sie brauchen nur ein wenig Nächstenliebe', sagte er. Die Männer in der Gruppe begannen zu lachen, und einer sagte: ‚Seht, ein Bettler, der Bettler verteidigt', und dann fingen sie an, Steine nach ihm zu werfen und riefen: ‚Fort mit euch, ihr Gesindel!' Der Mann versuchte, sein Gesicht mit den Armen zu schützen, doch ein Stein traf ihn am Kopf, und er fiel blutend zu Boden. Die drei Bettler eilten an seine Seite, um ihn mit ihrem Körper vor den Steinen zu schützen, während die Männer auf der anderen Seite sie weiter mit Steinen bewarfen und riefen: ‚Ungeziefer, Abschaum der Menschheit, verschwindet von unseren Straßen!'

Die drei hoben den Mann auf und trugen ihn weg, während die Beschimpfungen weitergingen und die Steine flogen. Sie brachten ihn zu seinem Haus, wo er allein lebte, und legten ihn auf sein Bett. Sie begannen, seine Wunden zu waschen. Er öffnete zitternd seine Lider und sagte: ‚Meine Freunde, ich sterbe. Ich weiß, dass es so ist.' – ‚Nein, nein', protestierten sie, ‚alles wird wieder gut!'

‚Meine Freunde, ich fühle, wie mein Leben verlöscht, doch bin ich froh, mit euch an meiner Seite zu sterben. Ich war glücklich, als einer von euch bezeichnet zu werden', sagte er.

‚Du wirst nicht sterben', sagte der erste Bettler. ‚Was ist mit unserem gemeinsamen Mahl? Das hast du versprochen!' – ‚Ich glaube, dass ich dieses Versprechen nicht halten kann, doch bitte ich euch ebenfalls um ein Versprechen', sagte er schwach. ‚Um was du auch bittest, wir werden es tun', antworteten alle drei. ‚Betet für mich, denn ich weiß, dass ich Gott beleidigt und Seine Gebote übertreten habe. Ich wünschte nur, ich hätte noch Zeit gehabt, um zu bereuen und Buße zu tun', sagte er, und seine Augenlider zitterten.

‚Das versprechen wir, wir werden immer für dich beten. Du warst so lieb und freundlich zu uns', sagten sie. ‚Das ist das Wenigste, was ich für euch tun konnte', sagte der Mann. Dann rief er: ‚Gott, vergib mir meine Sünden, denn ich liebe Dich', und sein Kopf fiel zur Seite und er starb.

Ich sage euch, der Mann, der den Armen gab, gab Gott, denn wenn ihr den Bedürftigen gebt, ist das ein Geschenk der Liebe für Gott. Der Mann, der seine Liebe und Freundschaft mit den Armen teilte, teilte mit Gott, denn seine Liebe kam von Gott. Der Mann, der die Armen verteidigte und sein Leben für sie gab, gab sein Leben für Gott, denn wenn ihr ein Opfer für die Armen bringt, ist es ein Opfer, das in Liebe Gott dargebracht wird.

Dieser Mann sah seine Schwächen, doch er erkannte seine Stärken nicht. Er bat um Vergebung für seine Fehler, doch er bat nie um den Lohn für seine guten Taten. Dieser Mann ist ein Mensch, der im Himmel willkommen geheißen wird, nicht so wie jene, die sich in feinen Kleidern zur Schau stellen, vorn im Tempel sitzen, in Sichtweite anderer eifrig beten und sich dann im Leben so aufführen, als ob sie die Richter der Menschen wären, als ob ihnen ein Platz im Himmel garantiert sei. Menschen, die andere verächtlich behandeln, die die Schwachen, Armen und Schlechtergestellten ablehnen, diese Menschen werden die Tore des Himmels vor ihnen verschlossen finden. Der Himmel ist der Lohn der demütigen Seele, die Gott liebt; die Hölle ist der Lohn der stolzen Seele, die sich selbst liebt. Wer Gott dienen will, sei immer demütig und helfe den anderen immer, ohne an sich zu denken."

Meine Jünger schauten Mich an und dachten darüber nach, was Ich gerade gesagt hatte. Dann meinte Judas: „Stellt euch vor, die Schuhe wegzugeben! Das war eine Dummheit!" – „Es ist besser, deine Schuhe wegzugeben als deine Seele", entgegnete Ich, während alle anderen schwiegen und weiter über Meine Worte nachdachten. „Den Armen zu geben, ist eine Gnade von Gott, und von Herzen zu geben, ist ein Geschenk der Liebe Gottes", sagte Ich. Dann legte Ich Mich hin, um zu schlafen.

Glaube und Heilung 12. August 1996

Ich wachte früh auf und ging spazieren, um alleine beten zu können. Während Ich betete, dachte Ich darüber nach, wie die Menschheit so einfach Gott ablehnen konnte und nicht merkte, was sie tat. Ich sah, wie der Stolz und die Zweifel, die viele in ihrem Inneren hegten, sie blind machten und ihre Herzen für Gott verschlossen. Als Ich weiterging, hörte Ich aus der Ferne die Stimmen einiger Leute, die sich Mir näherten.

„Wir werden sie bald finden. Sie können nicht mehr weit sein", sagte eine Stimme, die Ich als die Meines Freundes Justus erkannte.

„Hoffentlich", entgegnete ein anderer, dessen Stimme Ich nicht kannte. „Ich bin so müde, nachdem wir die ganze Nacht hindurch gelaufen sind." – „Ja, so geht es mir auch“, sagte eine dritte Stimme, die Ich gut kannte, denn sie gehörte einem anderen Meiner Jünger, der mit Justus zu Lazarus’ Haus aufgebrochen war.

Sie kamen in Meine Sichtweite, und als sie Mich sahen, rief Justus laut: „Herr“, und lief Mir mit frohem Lächeln entgegen. Mein anderer Jünger lief ihm hinterher und rief ebenfalls: „Herr“, während der Mann, der bei ihnen war, langsam und steif auf Mich zukam.

„Justus, Mein Freund“, sagte Ich, als er Mich umarmte. „Es tut gut, dich zu sehen, und auch dich, Jakobus“, als dieser Mich ebenfalls umarmte. „Herr, es hat so lange gedauert“, sagte Jakobus. „Nur ein paar Wochen, doch sie kamen mir wie Jahre vor“, fügte Justus hinzu.

„Wie war eure Reise?“, fragte Ich, obwohl Ich wusste, wie die Antwort ausfallen würde. „Herr, es war wunderbar“, sagte Justus begeistert. „Wir sprachen zu so vielen Menschen von Dir, und als wir mit ihnen beteten, wie Du es uns gelehrt hast, wurden viele geheilt. Zuerst zweifelte ich ein wenig, aber in Deinem Namen, Herr, wurden so viele Kranke geheilt; ich konnte nicht länger zweifeln.“

„Ja, Herr“, sagte Jakobus. „Justus betete mit so vielen und erzählte allen von Dir.“ – „Und was ist mit dir, Jakobus?“, fragte Ich. „Oh, ich half nur und betete still, dass sie in Deinem Namen geheilt werden mögen. Aber Justus stand da und verkündigte mutig so vielen Deinen Namen“, entgegnete er verlegen.

In dem Augenblick stieß der andere Mann zu uns, schnaufend und nach Luft schnappend. Er sagte: „Jesus, endlich!“ – „Mein Freund, was kann Ich für dich tun?“, erkundigte Ich Mich. „Bitte heile meinen Sohn. Er ist sehr krank, und Justus’ Gebete bewirkten nichts. Ich wusste, dass Du ihn heilen würdest, wenn ich zu Dir käme. Er ist ein guter Junge, der Gott liebt", antwortete er. „Es ist wahr, Herr", sagte Justus. „Der Junge ist sehr krank, dem Tode nahe mit einer Schlafkrankheit, und ich konnte ihn nicht heilen!"

„O Justus, als du den Jungen das erste Mal gesehen hast, dachtest du: ‚Hier ist nichts zu machen!' Es waren deine Zweifel, welche die heilende Kraft Gottes davon abhielten, durch dich zu fließen." Justus sah zu Boden. „Das ist wahr, Herr, doch wie konntest Du das wissen?", fragte er. „Ich weiß um alle Dinge", entgegnete Ich.

Der Vater des Jungen fiel auf die Knie und flehte: „Herr Jesus, ich glaube an Dich. Ich weiß, dass Du meinen Jungen heilen kannst. Wenn Du ein Gebet für ihn sprichst, weiß ich, dass er gesund wird." – „Was für einen Glauben hast du, eines Gebetes wegen diesen langen Weg auf dich zu nehmen!", sagte Ich in Liebe. „Herr, ich würde bis ans Ende der Welt gehen, wenn Du dort wärst, denn ich weiß, dass Gott mit Dir ist, und ich weiß, dass Du meinen Sohn heilen kannst", sagte er vertrauensvoll.

„In diesem Augenblick lächelt deine Frau voller Freude und küsst ihren Sohn, der geheilt ist", sagte Ich zu ihm. „Ich danke Dir, Herr, ich danke Dir!", sagte er und küsste Mir die Hände. „Dein Glaube und deine Liebe haben deinen Sohn geheilt. Er ist wahrhaftig ein gesegnetes Kind", sagte Ich. „Danke, Herr, danke!", fuhr er fort, „ich gehe jetzt nach Hause zu meiner Familie."

„Willst du nicht bleiben und mit uns essen und eine Weile ausruhen? Du musst müde sein", fragte Ich. „Nein, Herr, ich möchte zu meiner Familie zurück", sagte er glücklich und lief los in die Richtung, aus der er gerade gekommen war.

Wie es schien, war sein Verlangen, nach Hause zurückzukehren, stärker als sein Hunger und seine Müdigkeit.

„Ist es wahr, Herr?", fragte Jakobus, „ist der Junge geheilt?" – „Wenn ihr zwei nur einen Glauben hättet wie dieser Mann, würdet ihr erleben, dass nichts unmöglich ist", sagte Ich ein wenig traurig. „Ja, sein Sohn ist geheilt." Jakobus antwortete: „Ich versuche, diesen Glauben zu haben, Herr, doch es scheint, dass ich die Kraft dazu nicht finde. Wenn ich bete, tue ich das im Stillen und überlasse es Justus, laut zu sprechen, weil ich Angst habe, dass nichts passieren wird." Justus unterbrach ihn: „Aber deine Gebete helfen sehr wohl! Es sind deine Gebete und meine, vereint in der Liebe zu Gott, die im Namen Jesu heilen."

Ich schaute Justus an und sah, welche Stärke er hatte. Nur manchmal kam es vor, dass er seinen Ängsten erlag. „Justus hat recht, du weißt es, Jakobus", sagte Ich. „Deine Gebete heilten genauso wie die von Justus. Mein Vater hört eure Gebete und antwortet darauf, nur seid ihr dafür blind. Ich weiß, dass es dir schwer fällt, öffentlich zu sprechen, doch vertraue auf Mich und sei gewiss, dass Ich dich nicht verlassen werde, wenn du in Meinem Namen hinausgehst. Ich werde dir die Kraft geben, die du brauchst, um Mein Werk zu tun. Ich werde mit dir sein, dich führen und dich lieben, wenn du Mir vertraust."

„Ich werde es versuchen, Herr, aber bitte hab Geduld mit mir, denn ich muss noch viel lernen", sagte Jakobus.

„Natürlich, und du musst mit dir selbst Geduld haben. Verstehe, dass es Zeit braucht, und manchmal wirst du dich fühlen, als ob du gar nichts lernst und nichts erreichst. Verstehe, dass dies ein Teil des Weges ist, den du gehst. Bitte um Meine Hilfe, um das zu überwinden, und Ich werde für dich da sein", sagte Ich und sah die vielen Menschen, die sich mit ihrem Glauben, mit ihren Gebeten abmühten und sich fragten, ob es den ihnen verheißenen Lohn tatsächlich gibt, und die sich fragten, wie sie weitermachen sollten. Wenn sie nur auf Meine Worte, auf Mein Leben schauen würden, würden sie die Antwort auf alles finden.

„Ich wünschte, ich hätte einen Glauben wie dieser Mann", sagte Jakobus. „So geht es mir auch", sagte Justus, während sie dem Mann in der Ferne nachschauten.

„Ihr könnt diesen Glauben haben, wenn ihr euch in schweren Zeiten einfach an Mich wendet und eure Zweifel in Meine Hände legt", sagte Ich. „Es sind eure Zweifel und eure Ängste, die euren Glauben schwächen, und doch sind selbst diejenigen, die einen starken Glauben haben, damit konfrontiert, aber in Mir überwinden sie alles. Handelt genauso und seht, wie euer Glaube wächst."

Wir machten uns auf den Rückweg zu unserem Lager. Justus sagte: „Herr, ich bete darum, dass ich eines Tages diesen Glauben habe." – „Du wirst ihn haben", erwiderte Ich und sah, wie sein starker Glaube ihn in Meine Arme im Himmel führen würde, als ein Opfer der Liebe.

Gestohlene Münzen 17. August 1996

Als wir an unserem Lagerplatz ankamen, scharten sich Meine Jünger um Jakobus und Justus, um sie zu begrüßen und willkommen zu heißen. Petrus sagte laut: „Herr, wir wollen dem Vater gemeinsam im Gebet für die gute Rückkehr unserer Brüder danken."

Wir alle begannen zu beten, erfüllt von der Freude über die Rückkehr unserer Freunde und erfüllt von der Freude der Liebe Gottes. Als unsere Gebete zu Ende waren, war einige Zeit vergangen, und es war Mittag geworden. „Lasst uns essen und die Rückkehr unserer Brüder feiern", meinte Judas, der mehr an seinen Magen als an die Rückkehr unserer Freunde dachte. Während des Mahls fragte Ich Jakobus und Justus: „Was ist mit Lazarus? Wie geht es Meinem Freund?" Jakobus antwortete: „Herr, er und seine Schwestern sind glücklich, es geht ihnen gut, obwohl sie fragen, wann Du sie wieder besuchen kommst."

„Wenn die Zeit gekommen ist", sagte Ich und dachte daran, wie die Kraft der Liebe Gottes, Meine Liebe, in Lazarus der ganzen Welt gezeigt werden würde.

Justus sagte, wobei er Mir einen prall gefüllten Beutel entgegenstreckte: „Lazarus schickt Dir dies, Herr, um Dir bei Deiner Arbeit zu helfen." Die Großzügigkeit von Lazarus erinnerte Mich daran, wie Reichtum für das Gute eingesetzt werden konnte. Seine Großzügigkeit zeigte auch seine Demut, denn er meinte immer, nie genug gegeben zu haben und sehnte sich danach, mehr zu geben – seine Großzügigkeit half den Armen, speiste die Hungrigen und heilte die Kranken. Lazarus – ein wahrer Freund Gottes, der in seiner stillen, freundlichen Art zeigte, wie Reichtum ein Geschenk der Freude war, wenn man teilte.

Meine Gedanken wurden durch Judas unterbrochen, der die Arme ausstreckte, den Beutel an sich riss und sagte: „Ich werde mich darum kümmern", worauf er mit einem Lächeln auf all die Münzen im Beutel blickte. „Judas, mein Freund, pass auf, dass du nicht zu viel trägst, denn dieser Beutel ist schwer, und mit dem, was du bereits herumschleppst, könnte es dir zu schwer werden", sagte Petrus, um Judas deutlich zu machen, dass er wusste, wie viele Münzen Judas bereits bei sich trug. „Kein Problem", entgegnete Judas glücklich. „Mir macht es nichts aus, zusätzlich etwas zu tragen, wenn es den anderen Erleichterung bringt." Alle schauten ihn an; und leider glaubte ihm niemand, denn alle kannten den wahren Grund.

„Erzählt uns mehr von Lazarus", sagte Ich zu Jakobus und Justus. „Herr", sagte Jakobus, „es ist wundervoll, was er tut. Er versammelt die Menschen, die Dich reden gehört haben, und sie diskutieren über Deine Worte. Oft kommen viele Leute, die Dich nicht gehört haben, um zuzuhören und über das zu sprechen, was Du gesagt hast. Danach verbringen sie die Zeit gemeinsam im Gebet. Es ist eine frohe Zeit, wirklich voller Freude."

„Ja, Herr", warf Justus ein, „und wenn sie über Deine Worte nachdenken, dann erkennen sie so viel darin. Ich war verblüfft, wie viel man aus Deinen Gleichnissen lernen kann."

„Lazarus scheint in Wenigem viel entdecken zu können", sagte Jakobus, „und seine Schwestern sind sehr hilfsbereit, bringen Speisen und Getränke, und sitzen dann im Hintergrund und hören zu", schloss er. „Eine gute Familie", sagte Ich.

Justus grübelte: „Mir fiel auf, dass ab und zu Pharisäer dort waren, die einfach alles, was gesagt wurde, in Frage stellten und oft Deine Worte aufschrieben. Sie sahen aus, als ob sie nicht viel Liebe in ihren Herzen hätten."

„Wie kam Lazarus mit ihnen klar?", fragte Petrus mit echtem Interesse. Jakobus sagte: „Bruder, es schien ihn nicht zu beunruhigen. Er antwortete einfach, aufrichtig und in Liebe."

Ich sah Lazarus vor Mir, wie er dastand und ganz auf Gott vertrauend viele schwierige Fragen beantwortete, ohne sich über diejenigen zu ärgern, die mit ihm stritten, sondern sie einfach nur liebte. Welch ein Beispiel für die Menschen, wie man Gott mit Liebe, mit Vertrauen und in Demut dienen kann!

„Sagte er etwas über mich?", wollte Judas wissen. „Nein. Weshalb?", entgegnete Jakobus. „Ach, nichts", sagte Judas, der froh war, dass unentdeckt geblieben war, wie er während unseres letzten Besuchs in Lazarus' Haus einige Münzen entwendet hatte. Wie wenig verstand er, dass man es doch bemerkt hatte, dass Lazarus ihm jedoch in Liebe vergeben hatte. Judas war froh, dass seine Untat nicht bekannt geworden war – jetzt konnte er es auch vergessen; es war, als ob es nie geschehen wäre. Wie so viele andere glaubte er, es sei ein Sieg, mit einem Unrecht davonzukommen, und dass man sich keine Gedanken über die eigenen Taten machen müsse. Wie leicht täuscht der Böse und gibt falsche Sicherheit, und wie traurig wird es am Tag des Gerichts für die sein, die so leben!

Schweren Herzens sagte Ich: „Es gibt Menschen, die im Leben viel Unrecht begehen und sich nichts daraus machen. Sie halten es für die einzige Lebensweise. Kommen sie mit Menschen in Kontakt, die ein gutes Leben führen, verurteilen sie diese oder lehnen sie ab. Viele halten es für lächerlich oder naiv, im Leben das Gute tun zu wollen. Viele übervorteilen gute Menschen, nutzen sie aus, beschimpfen sie und machen sie lächerlich. Und oft denken sie, wie dumm die Guten doch sind, sie mit ihren Taten davonkommen zu lassen.

Diese Menschen, die Unrecht tun, können nicht erkennen, dass die Liebe Gottes gerade wegen dem Guten, der Liebe und Hoffnung im Leben anderer noch immer in dieser Welt aufscheint. Wie traurig wäre das Leben ohne das Gute in der Welt!", sagte Ich, und Meine Jünger nickten bestätigend – sogar Judas, der nicht verstand, dass Ich über ihn sprach, wie auch über jene Pharisäer, die sich dem entgegenstellten, was Lazarus in Meinem Namen sagte und tat.

„Gehen wir heute Abend noch weiter, Herr?", fragte Bartholomäus, „oder bleiben wir hier?" Ich konnte sehen, dass er das Bleiben vorzog, da er es gemütlich hatte, da, wo er war, und hier leicht einschlafen konnte. „Bleiben wir noch eine Nacht hier", sagte Ich, „um Jakobus und Justus Zeit zum Ausruhen zu geben." Bartholomäus sah zufrieden aus, legte sich hin und fiel in einen leichten Schlaf.

Vision der Dreifaltigkeit 5. Dezember 1996

Die Morgendämmerung brach an, und prächtige Farben schmückten den Morgenhimmel. Ich stand auf, reckte Meine Arme und atmete tief die Luft des frühen Morgens ein, in der ein Hauch von Feuchtigkeit lag. Ich schaute auf Meine Jünger, die noch schliefen. Judas lag da, in den Armen den Beutel mit Münzen, den Mir Lazarus gesandt hatte. Er sah im Schlaf glücklich aus. Ich beschloss spazieren zu gehen, bevor Meine Freunde aufwachten, doch kaum hatte Ich einige Schritte getan, da war Petrus an Meiner Seite.

„Habe Ich dich aufgeweckt, Mein Freund?“, fragte Ich ihn. „Nein, Herr, das hast Du nicht. Ich bin aufgewacht, als Du Dich strecktest, und als ich Dich zu einem Spaziergang aufbrechen sah, wollte ich mich Dir anschließen, damit wir zusammen beten können“, sagte er. „Petrus, es ist eine Freude, dich an Meiner Seite zu haben, und Ich möchte gerne mit dir beten“, entgegnete Ich und stimmte mit Petrus einige Psalmen an, bevor wir unsere Herzen im Gebet Meinem Vater im Himmel öffneten.

Als Ich betete, fühlte Ich, wie die Liebe Meines Vaters Mich erfüllte, und in Meinem Herzen umarmte Ich den Heiligen Geist. Vereint in der Dreifaltigkeit der Liebe hallte Mein Sein vor Freude wider. Nachdem eine Ewigkeit vergangen zu sein schien, beendete Ich Mein Gebet, kam zur Erde zurück und erinnerte Mich daran, dass Petrus bei Mir war. Ich wandte Mich zu Petrus, der sich mit ehrfürchtigem Gesichtsausdruck auf dem Boden niedergeworfen hatte.

„Mein Freund, geht es dir gut?“, fragte Ich, obwohl Ich die Antwort kannte. „Herr – Herr – Herr, ich – ich – ich“, stotterte er und fand keine Worte. „Ja, Petrus“, sagte Ich und beugte Mich zu ihm, um ihm auf die Füße zu helfen.

Er schaute in Meine Augen und sagte leicht zitternd: „Herr, es war unglaublich! Als Du gebetet hast, begann ein Licht von Dir auszustrahlen, und ich konnte durch Dich hindurch sehen. Ich sah eine weiße Taube in Deinem Herzen und einen älteren, freundlich aussehenden Mann, der Dich in Seinen Armen hielt. Rundherum waren Engel, die mit wunderschönen Stimmen ‚Hosanna in der Höhe‘ sangen. Es war eine einladende, aufregende Atmosphäre. Ich kann es nicht beschreiben.

Ich fürchtete mich nicht, Herr. Es ist nur so, dass ich mich so klein und unwürdig fühlte, als ob ich nicht da sein sollte. Als ich Dich anschaute, war es, als ob Du, die Taube und der ältere Mann eins wären, und doch wart Ihr es nicht. Ich war sehr durcheinander, denn dann sah ich Dich aus Deiner Seite bluten, und Dein Blut war wie ein Meer, das die ganze Welt bedeckte. Herr, es gab Momente, da dachte ich, ich würde sterben, eine solche Freude erfüllte mich! Es war ein Glück, das ich nie für möglich gehalten hätte. Herr, es war wunderbar, doch ich weiß nicht, wie ich das je beschreiben soll."

„Das musst du nicht, Petrus. Dies war für dich bestimmt. Es wird viele Zeichen geben, von denen den Menschen erzählt werden soll, doch behalte dieses eine für dich, und in Zeiten des Zweifelns, in schweren Zeiten und in Zeiten der Angst denke daran, und es wird dich in diesen Momenten tragen", sagte Ich sanft.

„Aber, Herr, was bedeutete das alles?", fragte er, noch immer mit einem verwirrtem Gesichtsausdruck.

„Petrus, Mein Freund, was du gesehen hast, war die Wahrheit Gottes, die Heilige Dreifaltigkeit, der Vater, der Sohn und der Geist Gottes. Dies ist die Wahrheit Gottes, die du in die Welt tragen wirst. Dies ist die einzige Wahrheit – eine Wahrheit, die du nie verstehen kannst, aber du hast die Dreifaltigkeit gesehen. Nun glaube, und trage diesen Glauben in die Welt, damit auch andere in der Wahrheit leben können", sagte Ich.

„Herr, ich weiß nur, dass Du der Messias bist und dass ich Dich liebe. Ich weiß nicht, was ich heute gesehen habe, und ich verstehe Deine Erklärung nicht, doch wenn Du sagst, dass es so ist, dann ist es so", entgegnete er, noch immer durcheinander. „Petrus, deine Liebe und dein Glaube sind stark – wenn nur mehr so wären wie du", sagte Ich, während wir umkehrten und zu unserem Lager zurückgingen. Nach unserer Rückkehr ging Petrus und setzte sich eine Weile still für sich hin.

Dann kam Jakobus zu Mir und sagte: „Was ist mit Petrus los, Herr?" – „Heute wurde er von der Wahrheit berührt. Er braucht nur ein bisschen Zeit, um es zu verarbeiten", sagte Ich und holte Mir etwas Brot, das am Feuer erwärmt worden war. „Oh, ist das alles", sagte Jakobus. „Ich dachte, es wäre etwas Wichtiges."

Schadenfreude 7. Dezember 1996

Wir versammelten uns, um zu beten, bevor wir uns auf den Weg in die nächste Stadt machten. „Meine Freunde, wenn wir diesen Ort verlassen, sollten wir dem Vater im Himmel für das danken, was Er uns gegeben hat – einen gemütlichen Ruheort, unsere Gemeinschaft und Liebe." Gemeinsam priesen und dankten wir Gott für alles, was Er uns gegeben hat und was Er uns weiterhin schenkt.

Nach dem Gebet sagte Petrus: „Herr, das Beten tut so gut! Es erhebt mein Herz zu Gott. Heute fühle ich mich, als ob ich schweben würde. Ich glaube, heute bin ich Gott etwas näher gekommen." Ich wusste, dass er an die Ereignisse dieses Morgens dachte, als er die Wahrheit Gottes gesehen hatte. „Ich weiß, was du meinst", sagte Judas (nicht Iskariot). „Ich kann fühlen, wie mein Herz stärker und schneller schlägt. Ich empfinde eine innere Erregung. Weißt du, wenn ich bete, fühle ich mich oft so, deshalb denke ich, dass Gott in diesen Momenten bei mir ist."

„Ja – ja!", sagte Jakobus. „Ich habe vor einiger Zeit mit Jesus darüber gesprochen. Beten ist aufregend, nicht wahr?" Er lächelte mit freudestrahlenden Augen. Schon bald diskutierten alle Meine Jünger darüber, wie sie sich beim Beten fühlten, und sie fanden heraus, dass es viele Gemeinsamkeiten gab.

„Es ist Zeit zu gehen", sagte Petrus zu Mir, „sonst werden wir den nächsten Ort nicht vor Einbruch der Dunkelheit erreichen, Herr." – „Ja, Mein Freund, wir sollten aufbrechen", antwortete Ich. Daraufhin wandte sich Petrus an alle: „Los geht's, sammelt eure Habseligkeiten ein! Wir sollten uns auf den Weg machen." Ich schaute Meine Jünger an, und es erfüllte Mein Herz mit Freude zu sehen, wie sie Mir folgen – wie sie Mir ihr Leben geben, obwohl sie Zweifel haben und sich manchmal fragen, wer Ich wirklich bin. Ich sah in jedem Einzelnen die Liebe, die sie für Mich empfanden – ja, sie alle, sogar Judas Iskariot, denn er liebte Mich, doch leider überschattete die Selbstliebe oft seine Liebe zu Mir.

Unterwegs riss Petrus' Schuhriemen, er stolperte und landete kopfüber auf dem Boden. Judas brach in hysterisches Lachen aus, während Petrus aufstand. Blut lief über sein Gesicht und seine Hände, die von den Steinen der Straße aufgerissen waren. Alle kamen Petrus zu Hilfe, während Judas lachend sagte: „Das war so lustig, Petrus. Du hast so idiotisch ausgesehen!" Ich ging zu Petrus, der nur leicht verletzt war, aber sich allmählich über Judas zu ärgern begann.

„Petrus, Mein Freund", sagte Ich und wischte ihm das Blut aus dem Gesicht, „setz dich und lass Mich deine Wunden reinigen." Petrus setzte sich, schaute jedoch weiterhin zornig zu Judas. „Petrus, ärgere dich nicht! Ich weiß, dass ein solcher Sturz schmerzhaft ist, doch wegen ein paar Schmerzen solltest du nicht aufhören, andere zu lieben und ihnen zu vergeben. Sieh in Judas einen Mangel an Mitgefühl und eine Schwäche, durch die er andere herabwürdigt. Erkenne dies als seine Schwachheit, und lass nicht zu, dass es eine Schwachheit in dir hervorruft. Vergib ihm und verstehe, dass er sich selbst mehr verletzt als dich. Dein Schmerz wird bald vergangen sein, seiner jedoch wird ihm bleiben", sagte Ich.

Petrus begann zu weinen: „Herr, werde ich es je lernen? Immer wieder enttäusche ich Dich, ich lasse meinem Zorn freien Lauf, und manchmal denke ich schlecht über andere. Werde ich es je lernen, werde ich je so sein, wie es Dir gefällt?" – „Weine nicht, Mein Freund. Du lernst, und du bist Mir wohlgefällig", sagte Ich, während Ich seine Wunden auswusch. Judas rief: „Es tat doch gar nicht so weh, Petrus, und trotzdem weinst du wie ein Baby!"

Ich drehte Mich zu ihm um und sagte sanft: „Es ist besser, wie ein Baby zu sein, als ein Mann mit wenig Liebe im Herzen. Ein Baby liebt jeden und schenkt jedem Liebe, doch manche Männer lieben oft nur sich selbst und schenken anderen nichts."

Judas verstummte und schaute verdrießlich drein, dann sagte Petrus: „Judas, es ist in Ordnung. Ich nehme an, dass es lustig ausgesehen hat, wie ich hingefallen bin, und ich bin froh, dass es dir ein wenig Unterhaltung bot, um deinen Tag zu erhellen." Judas und alle anderen sahen Petrus ungläubig an. Ich jedoch schaute ihn an und erkannte, wie seine Herzensgüte zunahm.

Nachdem Petrus versorgt worden war, setzten wir unseren Marsch zum nächsten Ort fort. Als wir um eine Biegung kamen, sahen wir eine Gruppe Menschen am Straßenrand versammelt. Bei ihnen angelangt fragte Simon: „Was geht hier vor? Warum steht ihr alle hier herum?"

Ein Mann aus der Gruppe von etwa fünfzig Menschen drehte sich um und sagte: „Hier ist ein Mann, der behauptet, ein Prophet und Heiler zu sein. Jeden Tag um diese Zeit spricht er und heilt Menschen von allerlei Sachen. Viele kommen, um ihn zu sehen. Schon bald werden noch mehr kommen. Oft kommen zweihundert bis dreihundert Menschen hierher, um ihn zu hören."

„Wer ist dieser Mann?", fragte Jakobus und schaute Mich etwas verunsichert an. „Sein Name ist Thomas, ‚Thomas der Weise', so nennen wir ihn." Mein Jünger Thomas schaute Mich an, wie wenn von ihm die Rede gewesen wäre. Ich lächelte ihm beruhigend zu, und der Mann sprach weiter: „Warum bleibt ihr nicht und hört zu? Es kostet nur einen Schekel pro Person." – „Was, ihr bezahlt, um ihn zu hören?", rief Judas Iskariot. „Ja, er ist sehr gut und sehr heilig", entgegnete der Mann.

„Sollen wir bleiben, Herr?", flüsterte Petrus. „Ja, ein Weilchen", antwortete Ich. Bald waren weitere Personen eingetroffen und standen wartend da, um Thomas sprechen zu hören, während zwei Männer durch die Menge gingen und Münzen einsammelten.

Judas kam zu Mir und meinte: „Vielleicht sollten wir dies auch tun, Herr. Schau doch, wie viel sie einnehmen!" Ich sah ihn nur mit einem leisen Lächeln an. Thomas der Weise stand auf einem kleinen Felsen und erhob seine

Stimme: „Meine Freunde, ich danke euch, dass ihr heute gekommen seid. Wenn ihr geht, sagt bitte euren Freunden und eurer Familie, wo ich bin, damit auch sie gesegnet werden können.

Heute möchte ich euch von einem Mann erzählen, der auf dem Heimweg einen Beutel voller Münzen fand. Er schaute in den Beutel und sah, dass er genug Geld enthielt, um seine arme Familie mindestens ein Jahr lang zu ernähren. Er fragte sich, was er tun sollte – das Geld behalten oder es zur Synagoge bringen und versuchen herauszufinden, wessen Geld es war, um es dem Eigentümer zurückzugeben? Er rang mit sich, denn er konnte sich nicht entscheiden, was richtig und was falsch war. Schließlich dachte er an seine arme Familie und behielt das Geld, und als er an der Synagoge vorbeikam, ging er hinein und gab einen Teil als den Zehnten.

Nun war er froh, denn er hatte Gott gegeben, was Gott gebührte. Er ging nach Hause und unterstützte mit dem restlichen Geld seine Familie und verhalf ihnen zu einem besseren Lebensstandard.

Einige Wochen später bemerkte er, dass er einen besseren Platz in der Synagoge bekam wegen seines Zehnten, und er stellte fest, dass er nun viele Freunde unter den Priestern und Leviten hatte. Sein Leben begann sich zu verbessern, Vermögen und Erfolg im Leben nahmen zu, und in seiner Gemeinde akzeptierte man ihn als ehrenwerten Mann. All dies, weil er Gott das gab, was ihm zustand. Genauso, sage ich, ist es mit euch. Je mehr ihr denen gebt, die Gottes Werk tun, desto mehr werdet ihr dafür erhalten. Gebt mit großzügigem Herzen, und auch Gott wird euch gegenüber großzügig sein."

Die Menge schien jetzt wie hypnotisiert von seinen Worten. Er sagte: „Wie könnt ihr Gott um Heilung bitten, wenn ihr nicht großzügig in dem seid, was ihr Gott gebt?" Die Menschen warfen ihm daraufhin Geld zu und riefen: „Heile mich, hier ist meine Gabe für Gott, heile mich!"

Thomas der Weise kam zu denen, die das Geld warfen oder es ihm entgegenstreckten, und begann sie zu berühren, während er sagte: „Im Namen Gottes heile ich dich. Lass ab von deinem Stolz und nimm jetzt Gottes Heilung an! Leugne nicht Gottes Kraft! Öffne dein Herz und sei durch Gott geheilt! Sei großzügig zu Gott und empfange Seine Großzügigkeit." Die Leute gerieten geradezu in Verzückung, als Thomas der Weise zwischen ihnen umherging.

„Herr", sagte Petrus, „dies ist doch sicher falsch?"

„Ja, Mein Freund, das ist es", sagte Ich und ging auf Thomas zu, der Mir die Hände entgegenstreckte und rief: „Willst Du geheilt werden? Nun, gib Gott das Seine, und sei geheilt!" Er schaute Mir in die Augen und erstarrte. Die Menge wurde still, und er fragte: „Wer bist Du?"

„Ich bin die Wahrheit", sagte Ich, „die Wahrheit, die alle Ketten des Betrugs sprengt, die Lügen des Bösen auseinander reißt und alles besiegt, was Unrecht ist."

„Was – was meinst Du?", flüsterte Thomas der Weise.

„Schau in dein Herz, und du wirst wissen, was Ich meine. Du wirst sehen, wer dich führt, wer durch dich wirkt, um Gottes Kinder wegzuführen, um Gottes Kinder in die Selbstsucht und Sünde zu führen."

„Weg mit Ihm!", kreischte er zur Menge, die stumm zuschaute. Sein Gesicht verzerrte sich, und er sagte: „Ich kenne Dich!" Dann begann er, Mich zu beschimpfen.

„Ich gebiete dir, verlasse diesen Mann! Hinweg, böser Geist!", sagte Ich. Mit einem Schrei fiel Thomas der Weise zu Boden. Er begann sich zu krümmen und Schaum stand vor seinem Mund. Dann hörte man eine Stimme, die ihn verließ und sagte: „Verschone mich, verschone mich!", und während sie im Wind verklang, kam Thomas zu sich.

Ich sagte zu der Menge: „Dieser Mann war vom Bösen besessen, er hat euch Gier und Selbstsucht gepredigt. Er lehrte euch zu sündigen und behauptete, dies sei Gottes Wille für euch. Wie töricht seid ihr, darauf zu hören! Gott verlangt nur eure Liebe, euren Gehorsam gegenüber Seinen Geboten und eure Nächstenliebe. Gott erwartet nicht, dass ihr für Seine Liebe oder Seine Heilung bezahlt. Es kümmert Gott nicht, ob ihr vorn oder hinten in der Synagoge sitzt oder ob ihr bei Priestern oder Leviten Gefallen findet. Ihr müsst nur Gott gefallen. Wie leicht kann der Böse euch austricksen, er kann sogar Böses so erscheinen lassen, als ob es etwas Gutes wäre.

Passt auf, wenn ihr denen zuhört, die Gottes Wort verkündigen. Wenn sie es gegen Lohn tun, wenn sie euch auffordern, an euch selbst und nicht an andere zu denken, wenn sie euch sagen, dass eure gesellschaftliche Stellung vor Gott zählt, wenn sie euch sagen, dass Gott Opfer von euch verlangt, dann wisst, dass sie nicht Gottes Worte verkündigen, sondern ihre eigenen, oder – wie bei diesem Mann – dass der Böse Besitz von ihrer Seele ergriffen hat. Der Böse kann selbst den Frommen verführen und überlisten. Denkt an heute und denkt daran, wie leicht der Böse euch durcheinander gebracht hat."

Thomas lag vor Mir auf den Knien und sagte: „Ich weiß nicht, was geschehen ist. Was tue ich hier?" Ich legte

Meine Hand auf seinen Kopf und sagte: „Du bist geheilt, geh nach Hause zu deiner Familie!" Thomas sah nun so sanftmütig aus, gar nicht wie der starke, stolze Mann zuvor. Das Böse in ihm war verschwunden, nun war sein wahres Ich wieder zum Vorschein gekommen.

„Aber er hat so viele geheilt!", rief jemand aus der Menge. „Der Böse hat die Kraft zu heilen, doch die Heilungen sind nicht echt und nicht von Dauer. Diese Heilungen sollen die Botschaften der Sünde, die euch gegeben werden, verbergen. Manche sehen nur die sogenannten ‚Wunder', die geschehen. Dies sind keine Wunder, sondern nur Täuschungen, die dazu dienen, Menschen von Gott wegzuziehen. Der Böse ist mächtig und kann viel tun, doch er kann niemals Gott besiegen, und er kann niemals eine Seele zerstören, die in Gottes Liebe lebt", antwortete Ich.

„Steinigt ihn!", rief die Menge gegen Thomas den Weisen gerichtet. „Steinigt ihn, er ist böse!"

Ich erhob Meine Hände und sagte: „Ja, es war Böses in ihm, doch nun ist es weg. Er war gestraft genug mit dem Kampf, der in seinem Innern tobte. Jetzt wurde er befreit. Sperrt ihr euch nicht selbst ein, indem ihr sein Leben nehmt!"

Wieder war die Menge still, und Ich sagte: „Geht nach Hause und passt zukünftig auf, was ihr hört und wem ihr zuhört. Denkt immer daran, dass Gott euch liebt und euch vergeben will, und Er will auch, dass ihr anderen vergebt. Wenn ihr das in eurem Herzen bewahrt, werdet ihr wissen, was recht und was unrecht ist."

Die Menge zerstreute sich, doch Thomas war geblieben. „Es war wie ein Traum", sagte er, „ein Alptraum. Gott sei Dank, dass es jetzt vorüber ist."

„Geh jetzt nach Hause. Deine Familie hat dich vermisst, kehre zu ihr zurück. Ich weiß, dass sie dich liebt und auf dich wartet“, sagte Ich.

„Ja, ja, ich gehe. Es ist so lange her, dass ich sie verlassen habe – seit dieser Alptraum begann. Ich danke Dir, danke!“, sagte er und küsste Meine Hand.

Nachdem Thomas gegangen war, kam Petrus zu mir und fragte: „Warum haben die Leute nicht gesehen, dass sie getäuscht wurden? Alles, wovon er sprach, war Reichtum und Geld. Er tat nichts anderes, als sie um Spenden zu bitten. Warum haben sie das nicht gemerkt?“

„Petrus, der Grund ist: Sie wollten glauben, sie wollten geheilt werden, und sie wollten hören, dass die Art, wie viele von ihnen denken oder leben, richtig ist. Oft akzeptieren Menschen das Böse, weil in ihrem Leben so viel Gier, Selbstsucht und Stolz ist, dass sie es glauben wollen, wenn ihnen jemand sagt, dies sei schon in Ordnung. Wird die Wahrheit ausgesprochen, ist sie schwerer anzunehmen, weil man dann die Sünden im eigenen Leben erkennt und feststellt, wie viel man ändern muss. Dies fällt vielen zu schwer, und so akzeptieren sie nur das, was ihnen passt, womit sie sich wohlfühlen und was ihnen bestätigt: ‚Bleib, wie du bist.‘ Dies ist die große Täuschung des Bösen“, erklärte Ich all Meinen Jüngern, die zustimmend nickten, außer Judas, der noch immer daran dachte, wieviel Geld die Menge gegeben hatte.

„Judas“, sagte Ich, „Gier ist eine Sünde, die deine eigene Seele zerstören kann, wenn du es zulässt.“ – „Ja, Herr“, sagte Judas, ohne dem, was Ich sagte, wirklich zuzuhören.

Kurze Zeit später betraten wir die Stadt. Es dämmerte schon und die goldenen Strahlen der Sonne waren nun rot geworden und verblassten in der Ferne.

„Herr", rief eine Stimme, und wir alle wandten uns um, um zu sehen, wer es war. „Herr, ich hätte nie gedacht, dass Du in meine Stadt kommen würdest", sagte ein junger Mann Anfang zwanzig. Ich erkannte in ihm einen (ehemals) Behinderten, den Ich vor einigen Monaten geheilt hatte. „Herr", sagte er und nahm Meine Hand, „mein Haus ist Dein Haus, bitte komm und wohne bei mir!"

„Mein Freund, es ist gut, dich zu sehen, und du siehst so glücklich aus", erwiderte Ich, und Petrus flüsterte Mir ins Ohr: „Wer ist das, Herr?" – „Dies ist der junge Mann, dessen Gebete vor einer Weile erhört wurden, als Ich seinen verkrüppelten Leib und sein gebrochenes Herz heilte", sagte Ich laut zu allen Meinen Jüngern. „Oh", sagte Petrus, der sich nicht an den jungen Mann erinnerte.

„Herr, wirst Du bei mir wohnen?", fragte der junge Mann aufgeregt. „Natürlich, doch was ist mit Meinen Jüngern?", erkundigte Ich Mich. „Meine Familie wird Deine Begleiter unter sich aufteilen, aber Du, Herr, und vielleicht noch ein anderer, ihr müsst bei mir wohnen", sagte er glücklich. Wir folgten ihm zu seinem Heim. Unterwegs bereitete es ihm viel Freude, Mich allen vorzustellen, denen er begegnete, indem er ständig sagte: „Dies ist Jesus. Er ist es, der mich heilte." Bis wir bei seinem Haus angelangt waren, hatten sich uns viele Menschen angeschlossen. Zu Hause rief er seine Eltern und sagte: „Dies ist der Mann, von dem ich euch erzählt habe. Dies ist Jesus von Nazaret. Er war es, der mich heilte."

Seine Eltern fielen vor Mir auf die Knie und begannen Meine Hände zu küssen, und sie sagten: „Gott segne Dich, Gott segne Dich! Du hast unseren Sohn geheilt, Gott segne Dich!“ Bald hatten sich viele Menschen eingefunden, und noch mehr kamen, als jemand aus der Menge rief: „Er war es, der heute die Betrügerei von Thomas aufdeckte!“ Stimmen riefen laut „Danke“, andere riefen, Ich solle sprechen, und wieder andere, Ich solle sie heilen.

Ich stellte Mich auf eine Bank, erhob die Hände und bat mit Handzeichen um Ruhe: „Ich werde heute Abend nur kurz sprechen, und Ich werde Meinen Vater im Himmel um Heilungen bitten, doch dann muss Ich ausruhen, denn Ich bin müde. Morgen werde Ich mehr Zeit mit euch verbringen.“ Nun ging ein erwartungsvolles Raunen durch die Menge, die sich inzwischen versammelt hatte, und Ich sagte: „Ich möchte, dass ihr heute Nacht über diese Worte nachdenkt: Ein frohes Herz ist ein größerer Schatz als alles Geld der Welt. Ein Herz voller Freude kann euer Leben ganz erfüllen, doch eine Tasche voller Geld macht euer Leben oft leer. Sucht immer die Freude, die aus der Liebe zu Gott kommt, doch verschmäht immer die Sorge, die von der Liebe zum Geld kommt!“

Stille hatte sich auf die Menschen gesenkt, und viele gut gekleidete Pharisäer, Rechts- und Schriftgelehrte waren tief in Gedanken. Dann rief ein Rechtsgelehrter: „Aber wie kann man ohne Geld glücklich sein?“ Ich schaute ihn an, in sein Herz, und sah, dass er wirklich einsam war, obwohl er ein großes Vermögen besaß. „Wie kann man mit Geld glücklich sein?“, sagte Ich, und er wusste, was Ich meinte.

„Herr“, rief ein anderer, „wir brauchen doch Geld zum Leben, um Essen und Kleider zu kaufen und Steuern und den Zehnten zu bezahlen. Es ist lebensnotwendig.“ – „Ist es das?“, fragte Ich.

„Ja, man braucht Geld, um Essen und Kleider zu kaufen, um die Steuern und den Zehnten zu bezahlen, doch all dies wurde den Menschen durch Menschen aufgezwungen.“

„Aber wir brauchen es zum Leben!“, entgegnete er. „Ja, aber nur für das Notwendige. Wenn ihr mehr als das habt, dann nur, weil andere weniger haben“, sagte Ich.

„Was sollten wir dann tun?“, fragte ein reich aussehender Mann. „Teilt mit den Armen, helft den Kranken und den Bedürftigen. Dann werdet ihr feststellen, dass ihr in Wirklichkeit euch selbst helft“, sagte Ich.

Viele aus der Menge riefen Mir Fragen zu, und so sagte Ich: „Morgen werden wir mehr Zeit haben. Nun rufe Ich die Kranken zu Mir, um Meinen Vater im Himmel zu verherrlichen.“ Die Blinden, Tauben und Behinderten kamen alle nach vorne, und so viele wurden geheilt!

Als Ich zwischen ihnen umherging, sah Ich ein kleines Mädchen mit großen Augen, das gegen eine Wand gelehnt dasaß und Mich anschaute. Ich ging zu ihr und fragte: „Wie heißt du?“ – „Sie ist taubstumm, sie kann Dir nicht antworten!“, rief jemand aus der Menge. „Lydia“, sagte das Mädchen. „Ich heiße Lydia“, sagte sie und begann zu weinen. Ich bückte Mich, nahm sie hoch und drückte sie an Mich. „Weine nicht, Mein Kind“, sagte Ich und wischte ihre Tränen ab. Die Menge wurde beinahe rasend und viele riefen, Ich solle sie heilen. Ich schaute zu Petrus, der kam und Mich ins Haus führte, während Meine Jünger begannen, die Versammlung aufzulösen – bis zum nächsten Tag.

Meine Jünger waren auf fünf oder sechs Häuser von Familienangehörigen des Mannes verteilt, den Ich geheilt hatte, während Petrus und Ich in seinem Elternhaus wohnten. Die Eltern des Mannes konnten nicht genug für uns tun. Immer wieder fragten sie nach unseren Wünschen und ob wir es bequem hätten. Das Abendessen, das sie uns vorsetzten, war einfach, aber sättigend, und die Liebe, mit der die Mahlzeit zubereitet und aufgetragen wurde, steigerte die Freude am Essen. Nach dem Essen setzten wir uns zum Gespräch.

„Meister", sagte David (so hieß der junge Mann), „ich bin so glücklich, dass Du hier bist." – „Ich freue Mich, hier zu sein", erwiderte Ich, und Petrus nickte bestätigend. „Meister", fuhr er fort, während seine Eltern still dasaßen und Mich anlächelten, „könntest Du wohl eine Weile vertraulich mit meiner Mutter sprechen ? Schon lange leidet sie an etwas, was sie verletzt hat. Vielleicht kannst Du helfen?" – „Das würde Ich sehr gern", antwortete Ich und sah bereits die Traurigkeit in seiner Mutter und seinem Vater. „Vielleicht würde Petrus mit meinem Vater und mir einen Spaziergang machen, damit ihr unter vier Augen sprechen könnt", sagte David.

„Das ist eine gute Idee", meinte Petrus, „ich werde dann gut schlafen können." Petrus erhob sich, um mit ihnen zu gehen, und sagte: „Es wäre schön, zur Synagoge zu gehen und darum zu beten, dass eure Mutter von ihrem Kummer geheilt wird." Petrus wusste nicht, dass auch er das Herz anderer sehen würde, und wenn der Heilige Geist ihn in der Zukunft erfüllte, würde er diese Gabe oft einsetzen, um anderen zu helfen.

Als sie gingen, schlossen sie die Tür hinter sich und Ich schaute zu Davids Mutter, die versuchte, Meinem Blick auszuweichen. „Fürchte dich nicht, Ich bin nicht gekommen, um dich zu verdammen, sondern um dir zu helfen. Öffne Mir dein Herz und lass Mich dich heilen", sagte Ich, streckte Meine Hand aus und nahm ihre Hand in die Meine.

Zuerst zögerte sie, doch dann erzählte sie Mir unter Tränen: „Vor einigen Jahren, als ich jung und David noch nicht geboren war, ergriffen mich drei römische Soldaten auf dem Heimweg vom Marktplatz und nahmen mich mit in einen Raum, wo sie mich die ganze Nacht über festhielten." Sie schluchzte und schluchzte, so sagte Ich: „Schon gut, Mutter, schon gut."

„Sie alle missbrauchten mich, und ich konnte sie nicht aufhalten. Als sie fertig waren, schlugen sie mich und warfen mich in eine Ecke des Raumes, betranken sich und missbrauchten mich erneut." Sie beugte sich nach vorn, barg ihren Kopf in den Händen und versuchte, sich vor Mir zu verstecken, und weinend sagte sie: „Ich schäme mich so, ich kann nicht aufhören, mich so schmutzig zu fühlen. Ich bin eine Sünderin, Gott, vergib mir!"

Ich nahm sie in den Arm und sagte, während sie das Gesicht in den Händen verbarg und sich vor- und zurück wiegte: „Du hast nichts Unrechtes getan, Mutter. Du hast das nicht gewollt." – „Ich muss gesündigt haben, denn mein Sohn David ist einer der ihren, und bis Du gekommen bist, hatte Gott ihn verflucht, indem Er ihn zu einem Krüppel machte. Mein armer Mann, er weiß, dass David nicht von ihm ist, und ich weiß, dass es ihn schmerzt. Und seit der Geburt von David habe ich keine anderen Kinder bekommen. Niemand weiß davon, außer meinem Mann. Herr, bitte erzähle es niemandem, sonst sterbe ich. Wenn David es wüsste, würde es ihn zerstören, denn er liebt seinen Vater“, fuhr sie fort und weinte herzzerreißend.

„Mutter“, sagte Ich und strich ihr übers Haar, „du hast nichts Unrechtes getan, deshalb bestrafe dich nicht selbst. Sie, die einem jungen, hübschen Mädchen Gewalt angetan haben, waren es, die das Unrecht begingen. Du hast nicht gesündigt. Wie denn auch, denn du hast es ja nicht gewollt.“

„Aber, Herr“, warf sie ein, „ich habe eines ihrer Kinder geboren, und sieh, wie Gott ihn bestraft hat, den armen David.“ – „Gott hat ihn nicht bestraft, Gott hat ihn geheilt. Sieh, wie viel Freude dein Sohn dir und deinem Mann bereitet hat. Wie kann das eine Strafe sein? Davids Herz war immer voller Liebe, trotz seines Leidens. Was für ein Geschenk gab euch Gott in David!“

„Was ist mit meinem armen Mann – kinderlos –, und jedes Mal, wenn er David anschaut, sieht er diese Römer und was sie mir angetan haben“, klagte sie.

„Mutter, Ich sage dir, dein Mann liebt David wie seinen eigenen Sohn, dein Mann hat keinen Groll gegen dich, denn er liebt dich. Er hat dich immer geliebt. Es ist wahre Liebe, die dich nicht anklagt, sondern mitleidet. Welch ein guter Mann ist er doch!“, erklärte Ich.

„Das ist wahr, Herr“, schluchzte sie, „er hat mir nie Vorwürfe gemacht. Er hat mich nur geliebt. Als ich an jenem Tag heimkam, mit Blutergüssen und zerrissenen Kleidern, badete er mich und zog mir neue Kleider an. Dann hielt er mich stundenlang in seinen Armen und sagte mir, dass er mich liebte“, sagte sie weinend und sah Mir in die Augen.

Ich beugte Mich vor, küsste ihre Stirn und sagte: „Ich nehme dies weg von dir und deinem Mann, und Ich erfülle euch mit der Freude der Liebe zu einander und zu Gott."

Plötzlich hörte sie auf zu weinen und sagte lächelnd: „Es ist so gut, mit Dir zu reden. Was geschehen ist, kommt mir jetzt nicht mehr so wichtig vor, denn ich erkenne, wie sehr mein Mann und mein Sohn mich geliebt haben. Ich fühle sogar zum ersten Mal, dass ich diesen Römern vergeben und mein Leben neu beginnen will."

Es lag ein Strahlen auf ihrem Gesicht, das die Wahrheit ihrer Worte bezeugte. Da öffnete sich die Tür, und die drei kehrten zurück. Der Ehemann schaute seine Frau an, lächelte und sagte: „Du siehst so glücklich aus. Ich habe dich jahrelang nicht mehr so gesehen." Er eilte zu ihr und umarmte sie, und sie sagte: „Ich liebe dich, mein Mann, ich liebe dich", und küsste ihn auf die Wangen.

David begann zu weinen: „Ich danke Dir, Herr. Ich habe meine Mutter noch nie so glücklich gesehen, ich danke Dir." Dann ging er und umarmte seinen Vater und seine Mutter. Petrus war so glücklich über die liebevolle Szene, dass auch er zu weinen begann.

Als die Aufregung sich gelegt hatte, ging Ich mit dem Vater nach draußen und sagte zu ihm: „Was bist du für ein Mann Gottes, dass du nach alledem weder Wut noch Hass in deinem Herzen hegst! Du bist ein wahrer Sohn Gottes."

„Herr, ich danke Dir für das, was Du getan hast. Du hast mein Gebet erhört, denn ich wollte nur, dass sie wieder glücklich ist. Ich habe diesen Soldaten schon lange vergeben, doch ich konnte es nicht vergessen, weil meine Frau einfach nicht loslassen konnte. Ich weiß, dass David nicht mein Sohn ist, und doch ist er es, denn ich liebe ihn wie einen Sohn. Ich sehe seine Mutter in ihm, und mir ist bewusst, dass Gott ihn uns geschenkt hat, wie könnte ich ihn also nicht lieben?", sagte er.

„David *ist* euer Sohn. Es ist nur so, dass das, was die Römer taten, euren Blick getrübt hat. Erinnerst du dich, wie du wenige Tage zuvor mit deiner Frau von der Hochzeit deiner Schwester zurückkehrtest, und ihr euch in der Freude des Abends in Liebe vereint habt? Damals begann Davids Leben", sagte Ich.

„Wie kannst Du das wissen! Ich hatte es vergessen. Warum – ja, Du hast recht! Er ist mein Sohn, er ist mein Sohn!", rief er voller Freude.

Dann sagte Ich: „Und Ich sage dir dies: Bald wird er einen Bruder haben, damit er nicht mehr allein ist."

„Was – was – was meinst Du?", fragte er überrascht.

„Deine Frau ist schwanger, es wird ein Junge."

„Wirklich! Bist Du sicher?", fragte er.

„Das bin Ich", sagte Ich, und er wusste, dass es so war.

Er eilte zu seiner Frau und seinem Sohn David und brachte ihnen die frohe Kunde. In dieser Nacht war es schwierig einzuschlafen, da wir feierten und viele Dankgebete zu Gott aufstiegen. Petrus kam zu Mir und sagte: „Welche Freude hast Du hierher gebracht, Herr!" – „Ja, Petrus, Ich bin der Freudenbote für jene, die Gott lieben."

Das Herz des Römers 11. Dezember 1996

Am nächsten Morgen wurde Ich von David geweckt, der neben Meinem Bett stand. In den Händen hielt er etwas zu essen und zu trinken, das er Mir zum Frühstück brachte. „Herr", sagte er, „es ist spät am Morgen. Wir wollten

Dich nicht aufwecken, da wir wussten, dass Du müde warst, aber jetzt wartet draußen eine große Menschenmenge auf Dich."

„Ich danke dir, Mein Freund", sagte Ich, setzte Mich auf und nahm die Speisen entgegen. „Könntest du vielleicht Meinen Jüngern ausrichten, die Menge um Geduld zu bitten, denn Ich muss eine Weile beten, bevor Ich zu ihnen komme."

„Ja, Herr, natürlich", sagte er und verließ den Raum, um Meiner Bitte nachzukommen. Ich hatte in Davids Bett geschlafen, das er für Mich geopfert hatte, und Mir war danach, noch etwas länger zu bleiben und in diesem angenehmen Bett zu ruhen. Dann kniete Ich neben dem Bett nieder und betete: „Vater, Ich bitte Dich, gib Mir die Kraft, Deinen Willen zu tun, denn heute bin Ich müde, doch Ich weiß, dass Ich diesen Menschen helfen muss, und zu Deiner Verherrlichung werde Ich sie heilen."

„Mein Sohn, bald wirst Du Zeit zum Ruhen haben. Heute aber trage Unsere Liebe zu Unseren Kindern. Erfülle ihre Herzen mit Unserem Geist und stärke sie in Unserer Barmherzigkeit", sagte der Vater, der jetzt bei Mir war.

„Vater, es ist ein schwerer Weg – so viel Traurigkeit, so viele Bitten und so viele Sünden – und doch, zwischen alledem gibt es so viel Liebe", antwortete Ich.

„Jesus, Mein Sohn, durch Dich wird die Traurigkeit zur Freude, werden die Bitten erhört und die Sünde besiegt, durch Dich, Mein Sohn, und Meine Liebe", sagte der Vater – und mit jedem Wort konnte Ich Ihn in Meinem Innern spüren. Dann war der Heilige Geist vor Mir, der Mich innerlich berührte und Mein Herz stärkte. Ich kniete dort, wieder vereint in der Liebe in dem Ewigen Dreieck, das ist, das war und das immer sein wird. Die Erschöpfung Meines Körpers wurde genommen, Ich fühlte Mich innerlich erneuert. Mein Vater sagte: „Geh zu Unseren Kindern!"

Ich erhob Mich und aß die Speise, die Mir gebracht worden war. Dann ging Ich zur wartenden Menge. Als Ich die Haustür öffnete, flog eine wunderschöne weiße Taube hinaus und ließ sich auf dem Dach eines der Nachbarhäuser nieder.

„Jesus", rief die Menge, „Jesus, Jesus!" Petrus kam zu Mir und sagte: „Es sind so viele, Herr. In der Stadt drängen sich Menschen aus den umliegenden Dörfern, die gekommen sind, um Dich zu hören und zu sehen. Alle Zugangsstraßen zu diesem Haus sind voller Menschen, es ist unglaublich! Es müssen fünftausend sein! Wo kommen sie nur alle her?" – „Mein Vater brachte sie zu Mir", sagte Ich. Petrus sah Mich an und lächelte, denn er verstand es nicht ganz, doch er versuchte es.

Plötzlich entstand ein Tumult in der Menge, als eine Gruppe römischer Soldaten sich ihren Weg bahnte. Der verantwortliche Offizier trat vor und fragte laut: „Was geht hier vor? Warum dieser Menschenauflauf?"

Petrus ging zu ihm und erklärte: „Sie sind gekommen, um unseren Meister sprechen zu hören. Er ist ein Prophet und Heiler." – „Nun, ihr könnt die Stadt nicht so übervölkern, das gibt ein Chaos!", antwortete der Offizier. Petrus sagte demütig: „Wohin sollen wir sonst gehen?" – „Das weiß ich nicht, aber hier könnt ihr nicht bleiben", sagte der Römer.

Die Menge begann zu rufen: „Wir wollen Jesus hören! Wir wollen, dass Jesus uns heilt!" Der römische Offizier schaute Mich an und zuckte mit den Schultern. In seinem

Herzen konnte Ich sehen, dass er ein liebenswürdiger Mensch war, doch er musste die Ordnung wahren, weil seine Vorgesetzten darauf bestanden. Er ging auf Mich zu und sagte: „Ich habe nichts dagegen, dass Du zu diesen Menschen sprichst, doch ich darf diese Versammlung hier nicht zulassen. Das verursacht Probleme."

„Mein Freund", sagte Ich, streckte Meinen Arm aus und legte Meine Hand auf seine Schulter, „wir könnten das Feld benutzen, das dir außerhalb der Stadt gehört." – „Natürlich, das wäre perfekt", sagte er und lächelte Mir freundlich zu. „Du kannst es gern benutzen." Er wendete sich der Menschenmenge zu und sagte: „Ich lasse euch auf meinem Feld beim Nordeingang der Stadt zusammenkommen. Bitte begebt euch friedlich und geordnet dorthin."

Unter Gemurmel begannen die Leute, sich auf den Weg zu seinem Feld zu machen. „Woher wusstest Du, dass ich dieses Feld habe?", fragte er, „ich kenne Dich nicht, und Du kommst nicht aus dieser Gegend." – „Ich kenne dich", entgegnete Ich. „Ich kenne dich seit dem Tag deiner Geburt." – „Das ist unmöglich!" sagte der Römer.

„Ich kannte dich an dem Tag, an dem du auf dem Schlachtfeld warst und niemanden töten konntest. Ich weiß, dass du sogar lieber dein eigenes Leben gegeben hättest, als einen anderen zu töten. Ich weiß, wie du das Leben schätzt und dass dein Vorgesetzter dich nur durch das Eingreifen deines Onkels nicht als einen Feigling bestraft hat. Ich weiß, wie dein Onkel für dich diese abgelegene Stadt fand, damit du nicht kämpfen musst. Ich weiß, dass dein Onkel, dein Vater, deine Brüder und sogar jene, die unter dir dienen, dich für einen Feigling halten. Ich weiß, dass du ein tapferer Mann bist, denn es muss ein tapferer Mann sein, wer sein Versprechen hält, nie einem anderen Schaden zuzufügen. Es muss ein tapferer Mann sein, wer Ablehnung und Beschimpfung wegen seiner Nächstenliebe auf sich nimmt, und der lieber sein Leben gibt, als das eines anderen zu nehmen. Du bist ein guter Mann, und Ich freue Mich, dass Ich diesen Mann Freund nennen darf."

Der römische Offizier war sichtlich erschüttert. „Wie ist es möglich, dass Du all das weißt?", fragte er.

„Ich weiß es einfach, wie Ich auch weiß, dass du ein guter Freund von Mir sein wirst, der alles für Mich geben wird", entgegnete Ich und drückte sanft seinen Arm, wobei Ich vor Mir sah, wie er in der Zukunft leiden und für Mich sterben würde, weil er Mich als den Herrn verkündigt hatte. Er lächelte Mir zu und sagte: „Mein Name ist Aloysius. Auch ich würde mich freuen, Dein Freund zu sein." Ich wusste, dass er die Wahrheit sprach und dass er ein wahrer Sohn Gottes war.

Der glückliche Fischer 13. Dezember 1996

Die Menschen hatten sich auf dem Feld versammelt und warteten geduldig auf Mich. Als Ich zu ihnen kam, war die Erregung der Menschenmenge hörbar. Mit Petrus und Meinen Jüngern ging Ich zur Mitte des Feldes, wo einige Bänke zusammengeschoben worden waren, so dass Ich darauf steigen und sprechen konnte.

„Ich danke euch, Meine Freunde, dass ihr so geduldig wart und so verständnisvoll seid. Ich versprach, heute zu euch zu sprechen, Zeit mit euch zu verbringen und jene zu heilen, die in Not sind. So viele von euch sind gekommen, und es ist Mir eine große Freude, bei euch zu sein, Meine Freunde", sagte Ich und wartete ein paar Augenblicke, während die Leute sich anschickten, sich auf dem Feld hinzusetzen und es sich bequem zu machen.

„Ich möchte euch eine Geschichte über einen Fischer erzählen, der auf dem See Gennesaret arbeitete. Dieser Fischer fing genügend Fische, dass seine Familie davon leben konnte, und es reichte auch, um etwas auf die hohe Kante zu legen. Dieser Mann war zufrieden mit seinem Leben. Er versuchte nicht, mehr zu fangen, als er brauchte. Er glaubte, den Rest anderen überlassen zu sollen und dass es richtig sei, zu teilen und nur das zu nehmen, was man braucht.

Viele der anderen Fischer hielten ihn für dumm und faul, weil er nicht so hart wie sie arbeitete und nicht mehr Fische fing. Die meisten von ihnen fingen so viele Fische, wie sie nur konnten, um mehr Geld zu verdienen. Manche kauften ein anderes Boot, um noch mehr Fische zu fangen und mehr Geld zu machen. Einige dieser Fischer heuerten andere an, ihnen zu helfen, doch oft zahlten sie ihnen so wenig Lohn wie möglich, damit ihr eigener Profit größer ausfiel.

Die Zeit verging, und einige der größeren Fischerboote kamen dorthin, wo der Fischer mit seiner Familie arbeitete, und sie fingen die Fische dort, wo er seine fing. Sie sagten: ‚Wir haben das Recht, dies zu tun. Die Fische gehören niemandem, wir können fischen, wo wir wollen. Außerdem haben wir höhere Ausgaben als dieser kleine Mann. Wir müssen Löhne bezahlen.'

Nach einer Weile konnte die Fischerfamilie nur mit Mühe und Not überleben, denn die meisten Fische wurden von anderen weggefangen. Als er mit ihnen darüber sprach, sagten die organisierten Fischer: ‚Das geschieht dir recht. Du kannst nicht erwarten, mit dem Kleinbetrieb zu überleben.‘

Der kleine Fischer entgegnete: ‚Aber es gibt doch genug für alle, wir können gewiss teilen! Als ihr noch klein wart, fing ich nie von euren Fischen. Nein, ich nahm nur, was ich brauchte und ließ anderen den Rest.‘

‚Wie einfältig du bist! Du musst fangen, so viel du kannst, damit du Sicherheit hast und auch anderen helfen kannst, indem du ihnen Arbeit gibst. *So* teilt man!‘, sagten sie zu ihm. Schließlich musste der Mann sein Boot verkaufen, und er begann, um einen geringen Lohn für andere zu arbeiten. Trotz all seiner Sorgen blieben er und seine Familie froh und glücklich. Die Leute sagten: ‚Die müssen verrückt sein. Sie haben alles verloren, benehmen sich jedoch, als ob es nicht so wäre.‘

Eines Tages verletzte sich der kleine Fischer auf einem Boot und wurde eilig ans Ufer gebracht. Als er dem Tode nahe im Sand lag, war er noch immer glücklich. Die Umstehenden staunten. Die Angehörigen des Mannes kamen herbei, und auch sie schienen nicht allzu traurig zu sein. Sie nahmen zwar Anteil an den Schmerzen ihres Vaters bzw. Mannes, aber sie waren nicht traurig.

Der Mann sah seine Familie an und sagte: ‚Ich glaube, es ist Zeit heimzugehen‘, dann lächelte er, schloss die Augen und starb.

Die Familie vergoss keine Tränen; es war nur eine Weile still, und dann begannen sie zu beten. Die vielen Menschen, die sich um den Verstorbenen versammelt hatten, waren überrascht, und als die Gebete der Familie beendet waren, fragten einige: ‚Weint ihr denn nicht, ihr habt euren Mann, euren Vater verloren, und doch seht ihr froh aus. Seid ihr so verrückt wie er?‘

Die Frau des Verstorbenen erhob sich und sagte: ‚Er hat ein gutes Leben gelebt, er liebte Gott, seine Familie, seine Mitmenschen. Er nahm nie mehr als das, was ihm zustand, nie beutete er jemanden aus, und immer wollte er mit anderen teilen. Selbst als ihm sein Lebensunterhalt genommen wurde, vergab er den Schuldigen und betete für sie. Auch als er auf euren Booten für einen Hungerlohn arbeiten musste, verrichtete er die Arbeit gern. Er tat sein Bestes und machte niemandem Vorwürfe. Selbst in Zeiten knapper Nahrung, als es kalt war und als er seiner Familie nicht geben konnte, was sie brauchte, war er glücklich.

Ihr fragt warum? Nun, weil er Gott liebte, und weil er wusste, dass Gott dies von ihm erwartete. Für ihn waren alle Schwierigkeiten im Leben eine Möglichkeit, Gott seine Liebe zu zeigen. Er erkannte, als diese Dinge geschahen, dass es Gottes Wille war; warum sollte er sich also aufregen? Und er sah, dass Gott ihm seine Sünden vergab, wie konnte er also anderen selbst nicht vergeben? Wir sind traurig, dass er gestorben ist, aber wir werden nicht klagen und weinen, denn wir wissen, dass er so lebte, wie Gott es von ihm erwartete, und dass er im Himmel belohnt werden wird.‘

Die Zuhörer schwiegen. Dann sagte ein Fischer: ‚Ja, so war er – ein guter Mensch, mit dem man gerne zusammen war. Bestimmt wird er in den Himmel kommen!‘ Viele der Umstehenden stimmten zu und dachten über die Worte seiner Frau nach. Doch innerhalb weniger Tage war es vergessen, und das Leben ging weiter wie zuvor: Die Reichen wurden reicher, sie beuteten die Armen aus; und die Armen nahmen es hin, dass das Leben nun einmal so war."

Als Ich endete, weinten viele der Menschen auf dem Feld. Die meisten aber saßen still da, bis ein wohlhabend aussehender Mann sich meldete: „Ich bin damit nicht einverstanden. Nicht alle Reichen beuten die Armen aus, und außerdem – wenn wir nicht wären, hätten sie auch keine Arbeit!"

„Mein Freund, es ist keine Sünde, wohlhabend zu sein. Sünde ist es, wenn man andere ausnutzt oder anderen etwas nimmt, um selbst wohlhabend zu werden oder zu bleiben. Du hast recht, nicht alle Reichen beuten andere aus, doch viele tun es. Viele beuten aus, indem sie keinen angemessenen Lohn bezahlen; indem sie Menschen lange und schwer arbeiten lassen; indem sie von anderen erwarten, dass sie alles geben, ohne Rücksicht auf die Forderungen, die andere an deren Familien stellen; indem sie von anderen Unterwürfigkeit erwarten; indem sie andere für weniger wert halten als sich selbst; indem sie andere wie Objekte behandeln, nicht als Menschen, und indem sie andere mit wenig Achtung behandeln.

Die Reichen sollten bedenken, dass sie ihren Wohlstand nur der Gnade Gottes verdanken. Die Reichen haben nicht mehr Rechte als die Armen; anders zu denken ist falsch. Die Reichen haben kein Recht auf Reichtum, so wie die Armen auch kein Recht auf Armut haben, und wenn die Reichen in der Gesellschaft ihren Besitz nicht teilen, werden sie eines Tages herausfinden, dass sie diejenigen sind, die wirklich arm sind", erklärte Ich.

Das Gesicht des Mannes war nun rot angelaufen, da viele dieser Worte auf ihn zutrafen. Ein anderer rief: „Du sagst also, wenn wir alle teilen und einander als Gleichgestellte behandeln, leben wir so, wie Gott es will?" – „Das Erste, was ihr tun müsst, ist, Gott vollkommen zu lieben. Wenn ihr das tut, wird es ganz natürlich sein zu teilen und andere zu lieben wie euch selbst, denn dies geht mit der Liebe zu Gott einher", sagte Ich und lächelte sanft, denn Ich wusste, dass dies eine Fangfrage für Mich gewesen war.

„Meister, es muss für den kleinen Fischer sehr schwer gewesen sein, nicht wütend zu werden. Ich glaube, ich wäre wütend geworden", rief ein junger Mann aufrichtig. „Es ist gut, dass du deine Schwächen kennst", sagte Ich, „doch erkenne: In der Liebe zu Gott gibt es weder Wut noch Hass noch Neid – nur Vergebung und Liebe." Der Mann schaute Mich an und nickte zustimmend.

Ich stieg von den Bänken herunter, ging in Begleitung Meiner Jünger durch die Menge und berührte und heilte viele. Überall waren Hände, die versuchten, Mich zu berühren und Mir nahe zu kommen, so rief Ich laut: „Wer krank ist, sei geheilt – wer Vergebung sucht, dem sei vergeben – wer Liebe sucht, der sei geliebt."

„Ich bin geheilt!" – „Ich kann sehen, ich kann sehen!" – „Schaut, ich kann gehen, ich gehe!" – „Ich kann auch gehen!" – „Ich kann hören! Er hat mich geheilt!", riefen die Menschen rundum.

„Herr", rief Petrus, „Du hast sie nicht einmal berührt, und sie sind geheilt!" Ich lächelte ihm nur zu und sagte: „Gehen wir zum Haus zurück." Wir verließen das Feld, auf dem ein großes Fest stattzufinden schien, denn so viele Menschen tanzten und sangen vor Freude, weil sie geheilt worden waren.

„Herr“, es war der junge Mann vom Feld, der mit Mir gesprochen hatte, „darf ich mich Dir anschließen?“, fragte er. „Ja, Mein Freund, natürlich. Wie heißt du?“, fragte Ich. „Zacharias“, antwortete er. „Willkommen, Zacharias“, sagte Ich und legte Meinen Arm um seine Schultern: „Sei willkommen.“

Petrus und der kleine Junge 14. Dezember 1996

Judas Iskariot kam zu Mir und sagte: „Herr, Du erlaubst so vielen, sich uns anzuschließen, wie werden wir sie alle ernähren?“ – „Vertraue Mir, Judas, für alles wird gesorgt werden“, sagte Ich, schaute auf Meine Jünger um Mich herum und sah, dass immer mehr sich uns anschlossen. Ich sah auch, dass genauso oft einige weggingen, weil ihnen der Weg zu schwer zu sein schien.

Wir alle trennten uns, um in die Häuser zu gehen, in denen wir untergebracht waren, doch bevor wir auseinandergingen, sagte Ich laut: „In einer Stunde werde Ich zum Gebet in die Synagoge gehen, um Meinem Vater für alles zu danken, was Er tut.“ Dann gingen wir auseinander.

Als Ich mit Petrus auf dem Weg zum Haus war, kamen wir an einem kleinen Jungen vorbei, der im Schmutz spielte. Er war von Kopf bis Fuß voller Staub. Ich schaute auf ihn und sagte lächelnd: „Macht es dir Spaß? Es sieht so aus!“ Mit großen, haselnussbraunen Augen sah der Junge zu Mir auf und antwortete: „Ja. Ich baue einen Bauernhof. Das sind die Häuser“, sagte er und zeigte auf einige Dreckhäufchen. „Und dies sind die Tiere“, erklärte er und zeigte Mir einige glänzende Steine.

Ich kniete Mich neben ihn und fragte: „Möchtest du Bauer werden, wenn du größer bist?" – „Ja, das möchte ich, weil wir dann nie mehr Hunger haben werden", stellte er fest, als ob das für jeden offensichtlich wäre.

„Hast du jetzt Hunger?", fragte Petrus. „Ja", erwiderte der kleine Junge. „Ich hatte nur ein kleines Frühstück, und Mama sagt, dass wir bis morgen nichts mehr essen können. Ich habe aber trotzdem ein wenig Gras gegessen", sagte er und hob neben sich ein paar Halme Gras vom Boden auf. „Hast du oft Hunger?", fragte Petrus teilnahmsvoll. „Meistens", sagte der Junge, während er mit dem Dreck und den Steinen weiterspielte.

„Wo ist dein Vater?", erkundigte sich Petrus, und eine Träne lief seine Wange hinunter. „Mama sagt, mein Papa wurde bei einem Unfall getötet, doch einige meiner Freunde sagen, dass er von den Römern gekreuzigt wurde. Was bedeutet gekreuzigt?", fragte der Junge unschuldig.

Ich streckte die Hand aus, streichelte sein Gesicht und sagte: „Oh, das ist etwas, über das du mit deiner Mutter sprechen musst. Petrus", sagte Ich, dem Kind zugewandt, „haben wir etwas, was wir diesem Jungen für seine Mutter geben könnten?" – „Ja, Herr", sagte Petrus, und Tränen liefen ungehindert über seine Wangen. Er nahm einen kleinen Beutel mit Münzen von seiner Seite und gab ihn dem Jungen. „Hier, mein Sohn, bringe das deiner Mutter."

Als der Junge den Beutel nahm, fragte er Mich: „Warum weint er? Ist er traurig?" – „Er weint, weil sein Herz voller Liebe ist", antwortete Ich. Der Junge beugte sich vor, legte seine Arme um Petrus und sagte: „Weine nicht! Ich habe oft geweint, doch danach war ich immer noch traurig. Weine nicht!" Dann küsste er Petrus auf die Wange und sagte: „Ich bin dein Freund, weine nicht!" Das brachte Petrus nur noch mehr zum Weinen, und dann begann auch Ich über die Liebe und Unschuld dieses kleinen Kindes zu weinen, das so leiden musste. Aber es litt, ohne seine Liebe zu verlieren.

Ich sah den Vater des Jungen vor Mir, der ein guter Mensch gewesen war, aber seine Familie nicht ernähren konnte, weil er eine Krankheit hatte, die das Arbeiten erschwerte. Eines Tages stahl er aus Verzweiflung etwas Geld und das Schwert eines römischen Soldaten. Er wollte das Schwert verkaufen, um Lebensmittel zu erwerben. Die Soldaten erwischten und schlugen ihn. Dann behaupteten sie, er habe versucht, sie mit dem Schwert zu töten, was nicht wahr war. Der zuständige Offizier befahl, den Mann zu kreuzigen, und so geschah es.

Es brach Mir das Herz zu sehen, wie ein guter Mensch in die Sünde gezogen wurde, weil seine Nächsten ihm in der Stunde der Not nicht geholfen hatten. Wenn die Nachbarn und Freunde Mitleid mit diesem armen, kranken Mann gehabt und ihm geholfen hätten, wäre er nicht so verzweifelt gewesen, um zu stehlen.

Ich sah auch, wie die Sünde nur noch mehr Leiden bringt, sie lindert es nie. Dieser Mann litt am Kreuz, seine Frau und sein Kind leiden, weil er nicht mehr da ist, und seine Nachbarn verletzen ihre eigenen Seelen immer mehr, denn selbst jetzt, da dieser Mann gestorben ist, tun sie noch immer nichts, um dieser Familie zu helfen. Welche Sündenlast laden sie sich auf!

Die Mutter des Kindes kam und sah Petrus und Mich weinen, und den Jungen, der uns beide umarmte und sagte: „Nicht weinen, es wird alles gut, weint nicht!" –

„Was ist los? Was tut ihr mit meinem Kind?", fragte sie und nahm ihn auf den Arm.

Petrus sah sie an und sagte: „Wir haben uns nur unterhalten, und er erzählte uns ein wenig aus seinem Leben." – „Oh", sagte sie und schaute beschämt zu Boden.

Ich erhob Mich, ging zu ihr und hob ihr Kinn an, so dass sie aufschaute. Ich sagte: „Es gibt nichts, wofür du dich schämen müsstest. Du hast einen guten Jungen, und Ich sehe, dass du ein liebendes Herz hast." – „Ich muss gehen", sagte sie unruhig und wandte sich zum Gehen.

„Mama, schau, was diese netten Männer uns gegeben haben", sagte der Junge und zeigte seiner Mutter den Beutel mit Münzen. Sie schaute ungläubig. „Du hast das doch nicht gestohlen?", fragte sie. „Nein, wir haben ihm dies für dich gegeben", stellte Petrus richtig. „Aber warum?", fragte sie. „Es ist für dich, damit du zu deiner Familie nach Caesarea zurückkehren kannst", sagte Ich und lächelte ihr sanft zu. „Woher weißt Du, dass meine Familie dort ist?", fragte sie überrascht. „Ich weiß, dass du einen Onkel dort hast, der für dich und deinen Sohn sorgen wird, wenn du zu ihm gehst", riet Ich ihr.

„Aber – aber wie kannst Du das wissen? Niemand in dieser Stadt weiß das!", rief sie. „Ich weiß es, wie Ich auch weiß, dass du jeden Tag zu Gott betest, dass deinem Mann vergeben und dir ein wenig im Leben geholfen werde. Nun, Gott hört und antwortet." – „Herr", schluchzte sie und fiel auf die Knie. „Dieser Mann nannte Ihn auch Herr", stellte das Kind sachlich fest und deutete auf Petrus. Die Frau begann zu weinen und wollte Mich nicht ansehen. Sie hielt den Blick gesenkt und sagte: „Herr!"

Ich bückte Mich, nahm ihren Arm, half ihr auf die Füße und sagte: „Dein Gebet wurde erhört. Vergiss nie, Gott für das zu danken, was Er in deinem Leben tut.“ Sie blickte auf, schaute Mich an und erkannte Mich. Sie fiel auf die Knie, und diesmal begann sie, Meine Füße zu küssen und sagte: „Danke, Herr, ich danke Dir! Ich bin nicht würdig. Oh, ich danke Dir, Herr!“

Wieder half Ich ihr auf und sagte: „Alle Traurigkeit in deinem Herzen nehme Ich hinweg und ersetze sie durch Freude, und dem Kind in deinem Leib schenke Ich die Freude des Lebens.“ – „Ein Kind, Herr, ein Kind! Ich war mir nicht sicher, aber ja, Du hast recht! Ein Kind – das Kind meines Mannes“, rief sie glücklich. Der kleine Junge lächelte Mir zu und sagte: „Ich bin froh, dass Du zu weinen aufgehört hast.“ – „Ich auch“, sagte Ich, „Ich auch.“

Wir ließen Mutter und Kind dort und kehrten zum Haus zurück. Petrus sagte zu Mir: „Er war ein lieber Junge, ich bin froh, dass Du ihnen geholfen hast.“

„Wenn man Gott im Gebet und in Liebe bittet, nicht aufgibt und vertraut, dass Gott die Gebete erhören wird, wenn es zum Besten ist, dann wird Gott helfen“, erklärte Ich, während wir das Haus betraten, um uns auf den Gang in die Synagoge vorzubereiten.

Als wir in der Synagoge ankamen, warteten Meine Jünger schon. Jakobus kam zu Mir und sagte: „Wir haben uns Sorgen gemacht, Herr, es waren beinahe zwei Stunden.“

„Die Verspätung tut Mir leid, aber wir trafen jemanden, der Hilfe benötigte“, entgegnete Ich. Jakobus lächelte, denn er wusste, dass wieder jemand von Meiner Liebe berührt worden war, und das bereitete ihm große Freude.

Ich saß zwischen Meinen Freunden und hörte einem alten Rabbi zu, der sprach: „Zur Zeit Abrahams lebten viele in der Gottesnähe, und unter Abrahams Führung konnten viele Gottes Liebe für uns, Seine Kinder, verstehen. Ich hoffe, dass Gott bald einen anderen wie Abraham senden wird, um uns an Seine Liebe zu erinnern, denn heute haben so viele sie vergessen. Heute denken viele nur an sich – wie sie vorwärtskommen können, wie sie in den Augen der anderen aussehen und sie denken an ihre Stellung in der Gesellschaft. Viele vergessen, dass es wichtig ist, wie man vor Gott steht, wie man in Gottes Augen aussieht und wie man Seine Gebote gehalten hat.

Die heutige Generation ist eine sündige und stolze Generation, und ich als Teil dieser Generation teile diese Schuld. Was nützt es, ein Rabbi zu sein, der den Willen Gottes lehrt, wenn jene, die man belehrt, weder zuhören noch verstehen? Dies sagt mir, dass auch ich nicht sehe, welche Bedürfnisse meine Brüder und Schwestern in Gott haben, und dass ich mich in meinem Stolz nicht vor Gott demütige und Ihm nicht erlaube, mich anzuleiten, um Seinen Kindern Sein heiliges Wort zu erklären. Wie können dieser Generation Vorwürfe gemacht werden, wenn die Rabbis und Lehrer den Menschen nicht den wahren Weg des Lebens in Gott zeigen?“

Er zerriss seine Gewänder und rief: „Gott, vergib mir meinen Stolz und dass ich nicht Deinen Willen getan habe!“ Dann setzte er sich und schluchzte leise.

Außer dem Schluchzen des alten Mannes herrschte Stille in der Synagoge, bis Ich aufstand und sprach: „Was der Rabbi sagt, ist wahr. Heute wenden sich viele von Gott ab, und, ja, manchmal liegt es am Beispiel und der

Lehre der Priester. Doch den Priestern wurden oft selbst Irrtümer gelehrt, und so geben sie diese weiter. Gott in Seiner Barmherzigkeit bietet den Priestern, den Lehrern und allen Menschen Seine Vergebung und Liebe an. Der erste Schritt, um Gottes Vergebung anzunehmen und zu empfangen, besteht darin, sich ehrlich zu prüfen, wie es dieser Mann getan hat; seine Fehler zuzugeben und Gott um Vergebung und Führung zu bitten, denn dann wird Er es in Seiner Barmherzigkeit gewähren."

Ich setzte Mich, und viele murmelten zustimmend. Der alte Mann ergriff wieder das Wort: „Worte der Liebe und Worte der Vergebung. Diese Worte sind bestimmt von Gott, hört auf sie!" Einige Zeit später verließen wir die Synagoge und machten uns auf den Rückweg zu den Häusern, um das Abendessen einzunehmen.

Das Fest auf dem Feld 16. Dezember 1996

Als wir zum Haus kamen, wartete David auf uns. „Herr, heute Abend gibt es ein Fest! Die ganze Familie und viele Freunde möchten Dein Hiersein feiern", erklärte er aufgeregt. Ich schaute ihn an und sah all die vielen, die Mich in ihr Leben einladen und Meine Gegenwart feiern würden. „Das wird wundervoll", sagte Ich, „Ich möchte gerne mit euch feiern!" Petrus warf ein: „Ja, Herr, es ist so lange her, dass wir auf einem Fest waren."

Ich sah die Wahrheit in Petrus' Worten. Es war ein langer Weg für Meine Jünger gewesen, ein noch viel weiterer lag vor uns, und es war wenig Zeit zum Ausruhen oder Feiern geblieben. David sagte: „Wir treffen uns alle auf dem Feld, wo wir heute waren. Es kommen so viele, sie passen nicht alle in ein Haus." – „Ich werde ein wenig ausruhen – könntet ihr Mich rufen, wenn es Zeit ist zu gehen?", bat Ich, betrat das Haus und begab Mich zu Meinem Bett, um zu schlafen. Es schienen nur wenige Augenblicke vergangen zu sein, als es an die Tür klopfte. Es waren Jakobus und Johannes, die gekommen waren, um uns zur Feier abzuholen. „Herr, es ist Zeit zu gehen. Bist Du fertig?", rief Jakobus aufgeregt. „Ja, Ich komme", sagte Ich, erhob Mich und rieb Mir die Augen. Ich hätte noch viel länger schlafen können.

Als Ich die Eingangshalle des Hauses betrat, warteten Petrus, Jakobus, Johannes, David und seine Eltern dort auf Mich. David sagte mit genauso viel Begeisterung in der Stimme wie Jakobus: „Ich habe bereits einen Blick auf das Feld geworfen, Herr. Hunderte singen und tanzen dort. Es wird ein toller Abend werden!"

Johannes meinte etwas besorgt: „Aber werden sie es zulassen, dass Du es genießen kannst, Herr?" Petrus beruhigte Johannes: „David und ich haben dort bereits mit vielen gesprochen und darum gebeten, dem Herrn Zeit zu lassen, sich zu erholen und das Fest zu genießen, und keine Fragen zu stellen. Ich sagte, dass wir nur unter dieser Voraussetzung kommen würden." Was habe ich doch für gute, fürsorglich Freunde, dachte Ich; immer wachen sie über Mich, immer versuchen sie, Mich zu beschützen. „Kommt", sagte Ich, „lasst uns gehen und fröhlich sein!"

Als wir uns dem Feld näherten, konnte Ich viele Tische sehen, die dort aufgestellt worden waren; es gab viele große Feuer, um die sich die Menschen versammelten. In der Mitte des Feldes befand sich eine große Fläche, auf der die Menschen zur Musik von fünf oder sechs Männern tanzten, während andere um sie herum klatschten und sangen. David führte uns zu einem großen Tisch, an dem die meisten, jedoch nicht alle, Meiner Jünger saßen. Auf dem Tisch standen reichlich Speisen, und Judas langte kräftig zu.

Als Ich Mich setzte, schaute Ich auf die Menschen rundherum, die so viel Spaß hatten: Freunde, die gemeinsam Meinen Besuch feierten. Wie wünschte Ich Mir, dass alle dies erleben könnten! Auf der anderen Seite des Feldes sah Ich an einem Tisch, der verborgen im Schatten stand, den römischen Offizier und dessen Frau. Jeder schien sie zu meiden, dennoch genossen sie die festliche Atmosphäre. Ich rief Petrus zu Mir und bat ihn: „Petrus, bitte lade diesen guten Mann und seine Frau zu uns ein." Petrus sah erstaunt aus und sagte: „Aber er ist ein Römer, Herr!" – „Ja, und er ist ein Mensch, ein Kind Gottes, wie alle Menschen", entgegnete Ich.

„Aber andere hier könnten daran Anstoß nehmen", warf Petrus ein. „Wenn sie daran Anstoß nehmen, dann aufgrund ihrer verschlossenen Herzen", sagte Ich. Petrus wusste, dass Ich Meine Meinung nicht ändern würde, und so ging er zum Tisch des Römers. Ich sah, wie er eine Weile mit ihnen sprach. Zuerst zögerten sie, doch schließlich folgten sie ihm. Als sie an unserem Tisch eintrafen, sagte Ich: „Du bist willkommen, Mein Freund, und ebenso deine liebe Frau." Beide wirkten nervös, und der Offizier fragte: „Wird es die Leute nicht stören, wenn ich, ein römischer Offizier, bei Dir sitze?"

„Mein Freund, es ist Mir eine Freude, euch bei mir zu haben. Kommt, setzt euch", sagte Ich.

Bald hatten sich die Tischgenossen von dem Schock erholt, neben Römern zu sitzen, und nach einer Weile hatten sie vergessen, dass es Römer waren. Da kam ein junger Mann namens Zacharias, der zu viel getrunken hatte, herüber und rief: „Was tun die Römer hier, wieso sitzen sie bei Dir, Herr?"

Petrus erhob sich, legte seinen Arm um Zacharias, um ihn zu beruhigen, und sagte: „Der Herr hat sie eingeladen, und wen auch immer der Herr einlädt, der ist hier willkommen, sei er Jude, Grieche, Römer oder Samariter. Wenn der Herr sie einlädt und willkommen heißt, dann tun wir das auch." Ich sah in Petrus wieder die Stärke, die er in sich trug; eine Stärke, die die neue Kirche auf dem Fundament aufbauen würde, das Ich gelegt hatte. „Aber er ist ein Römer!", rief Zacharias, berauscht vom Wein. „Und du bist betrunken", sagte Petrus bestimmt, aber freundlich. „Du solltest gehen und eine Weile ausruhen."

„Mir geht es gut. Ich vertrage meinen Wein sehr wohl, und er ist trotzdem ein Römer!", rief Zacharias, während Petrus ihn vom Tisch wegführte. Ich lächelte dem Römer und seiner Frau zu und sagte: „Junge Leute und zu viel Wein vertragen sich nicht gut. Sie bekommen davon oft heiße Köpfe und falschen Mut." Der Offizier entgegnete: „Es ist überall dasselbe", und zuckte mit den Schultern.

Der restliche Abend verlief sehr angenehm. Sogar Judas war glücklich, er tanzte und sang. Es machte Mir Freude, zu sehen, wie Meine irdische Familie glücklich war und Spaß hatte. Mein Herz war von Liebe erfüllt, während Ich den Feiernden zusah.

Die Musik hörte auf, und Stille kehrte ein, als sich ein Rabbi in die Mitte des Feldes stellte. Es war derselbe alte

Rabbi, den wir in der Synagoge gesehen hatten. „Meine Kinder“, rief er laut, „heute feiern wir den Besuch eines großen Mannes, Jesus von Nazaret. Ich hörte Ihn heute in der Synagoge sprechen, und das entflammte mein Herz. Viele von euch haben Ihn sprechen gehört; viele von euch sind von Ihm geheilt worden oder haben es von denen erfahren, die geheilt worden sind. Gewiss ist dieser Mensch, Jesus, von Gott gesandt. Selig sind wir, Ihn hier bei uns zu haben, und selig sind wir, Seine Worte gehört zu haben!“

Viele begannen zu rufen: „Jesus, der große Prophet! Gepriesen sei Jesus!“ Der Rabbi brachte sie zum Schweigen und fuhr fort: „Zur Feier dieses großen Tages möchte ich gern einen Segen auf Jesus singen.“ Ich erhob Mich, lächelte ihm zu und nickte dankend.

Mit voller, melancholischer Stimme begann er zu singen und rührte viele mit ihrer Tiefe und Schönheit zu Tränen. Für viele war es eine Überraschung, einen alten Mann mit einer solchen Stimme zu hören, doch Ich sah, dass die Stimme direkt aus seinem liebenden Herzen kam.

Als er geendet hatte, kam er zu Mir, legte seine Arme um Mich und küsste Mich auf die Wangen. Alle applaudierten wegen seines Gesangs und wegen der Art, wie er Mich so liebevoll umarmte. Dann setzte die Musik ein, und viele klatschten im Takt mit, während der alte Mann Meine Hand nahm und wir mit den anderen tanzten.

Als wir später am Tisch saßen, fragte Mich der Rabbi: „Wie das kommt, weiß ich nicht, doch möchten ich und alle, mit denen ich darüber gesprochen habe, in Deiner Nähe sein, und wir wollen nicht, dass Du fortgehst. Was ist wohl die Ursache dafür?“ – „Es ist Mein Vater, der in

Mir ist", sagte Ich. „Was meinst Du, Jesus? Wer ist Dein Vater?", fragte er. „Mein Vater ist der Vater der ganzen Schöpfung, und wo Ich bin, da ist Er", entgegnete Ich und schaute ihm in die Augen. „Was meinst Du, ich verstehe nicht", sagte er. Ich lächelte ihm zu und sagte: *„Ich Bin."* *

Seine Augen öffneten sich weit vor Erstaunen, als ihm die Wahrheit dämmerte. „Du bist der Messias!", sagte er und fiel von seinem Stuhl auf die Knie. *„Ich Bin es"*, sagte Ich, nahm seine Hand und half ihm aufzustehen. Tränen traten ihm aus den Augen, und zitternd sagte er: „Ich habe niemals geglaubt, diesen Tag zu erleben. Herr, mein Leben ist erfüllt." Er hörte nicht auf, vor Freude zu weinen, während er sich unter die anderen Tänzer mischte und vor Freude tanzte.

Petrus kam zu Mir und sagte: „Zacharias schläft seinen Rausch aus. Der Rabbi sieht glücklich aus, Herr." – „Ja, das ist er, denn heute hat er die Wahrheit gesehen", erwiderte Ich. „Was ist mit Zacharias, Herr? Sollen wir jemanden, der sich so benimmt, bei uns behalten?", fragte Petrus.

„Meine Vergebung ist für alle. Wenn Zacharias sie sucht und bereit ist, diese Schwachheit zu überwinden, ist er herzlich willkommen, Mir zu folgen", antwortete Ich und sah, dass die ganze Menschheit Schwächen besaß, dass

---

* Im Englischen sind die Worte „I Am" (hier: *Ich Bin*) groß geschrieben, weil sie sich auf den Namen Gottes (JAHWE) beziehen. Katechismus (Art. 206): „Ich bin der, der ist" oder „Ich bin der Ich-bin". Art. 207: Gott, der sich „Ich-bin" nennt. Art. 211: Der Gottesname „Ich-bin": Jesus (...) offenbart so, dass er selbst den göttlichen Namen trägt: „Wenn ihr den Menschensohn erhöht habt, dann werdet ihr erkennen, dass Ich bin" (Joh 8,28).

aber nicht alle die Kraft hatten, diese zu erkennen und sie zu überwinden. „Morgen werden wir weitersehen", sagte Ich. Da kam der Rabbi zurück und sagte zu Petrus: „Er ist es! Weißt du, wer Er ist?" Petrus schaute zum Rabbi und dann zu Mir. „Ja, ich weiß es", erwiderte Petrus und wusste nicht, dass er aus seiner Seele sprach.

Der Rabbi setzte sich, da all das Tanzen, Singen und die Aufregung der Ereignisse des Abends an seinem betagten Körper zehrten. „Ich muss mich eine Weile ausruhen, Herr, aber Du wirst nicht fortgehen, nicht wahr?", fragte er.

„Nein, Mein Freund, Ich werde für dich da sein", sagte Ich und sah, was kommen würde. Er schloss die Augen und schlief am Tisch ein. Trotz all des Lärms gelang es ihm zu schlafen.

Bartholomäus kam zu Mir und stellte fest: „Er ist noch besser als ich, was das Schlafen angeht, denn ich könnte bei all diesem Lärm nicht einschlafen." – „Ich glaube, dass dies sein letzter Schlaf ist", antwortete Ich, und der Kopf des Rabbi fiel gegen Meine Schulter. „Ist er tot?", fragte Bartholomäus betroffen. „Nein, er schläft jetzt", sagte Ich, und Bartholomäus setzte sich neben den Rabbi. „Ich hoffe, dass er nicht stirbt. Ich mag ihn wirklich. Er hat eine wundervolle Stimme und Sinn für Humor. Er erinnert mich an meinen Vater", bemerkte er.

„Ja, Gott hat ihm viele Gaben gegeben; Gaben, die er immer dazu eingesetzt hat zu helfen, zu ermutigen oder anderen Freude zu machen", sagte Ich und sah das Leben des Rabbi vor Mir – Ich sah ihn so viel Gutes tun, seine Gaben zur Verherrlichung Gottes und aus Liebe zu seinen Mitmenschen einsetzen, die er stets wie seine Familie behandelt hatte.

Der Rabbi öffnete die Augen, hob den Kopf von Meiner Schulter und sagte schläfrig: „Herr, ich möchte Dich niemals verlassen!" Dann fiel sein Kopf zurück auf Meine Schulter, und Ich sagte: „Du hast es nie, und du wirst es nie." Darauf drückte Ich ihm die Augen zu und sagte zu Bartholomäus: „Er ist nun im Frieden."

Petrus, der neben Mir gestanden hatte, hob den alten Rabbi sanft von Mir weg und bat Bartholomäus: „Hilf mir, ihn zu tragen. Er ist schwer!" Traurig half Bartholomäus Petrus und Johannes, der herübergekommen war, als er den alten Mann hatte sterben sehen. Sie legten ihn an der Seite nieder. Dann ging Johannes, um jemanden zu finden, der die Aufbahrung bis zur Beerdigung organisieren konnte.

Bartholomäus sagte: „Herr, ich habe so viele sterben sehen, eigentlich sollte ich mich daran gewöhnt haben, aber es schmerzt dennoch." Ich legte Meinen Arm um ihn und erklärte: „Es schmerzt, weil du liebst." Eine Gruppe Männer brachte den Leichnam in die Synagoge, wo ihn ein anderer Rabbi in Gewahrsam nahm, bis es Zeit war, ihn zu beerdigen.

Petrus kam zu Mir und meinte: „Schade, dass die Feier dadurch verdorben wurde." – „Die Feier wurde nicht verdorben, mit dem Heimgang dieses heiligen Mannes wurde sie vervollkommnet", erklärte Ich. „Denke daran, dass der Tod keine Strafe ist. Für die Heiligen ist er eine Belohnung!"

Das Feld leerte sich, da die Menschen sich auf den Heimweg machten. Als wir zurückgingen, sagte Ich zu Meinen Jüngern: „Morgen werden wir aufbrechen, denn es gibt viel zu tun." Judas kam zu Mir und sagte: „Mir hat es hier gefallen, Herr, es war eine willkommene Unterbrechung." Ich schaute ihn an und sah ein kleines Kind, das während des Festes sorglos glücklich gewesen war. Es stimmte Mich traurig, dass sich dies ändern würde.

Abschied und Versöhnung 18. Dezember 1996

Als Ich am nächsten Morgen erwachte, erfüllte das Lärmen Meiner Jünger das Haus. Sie waren hierher gekommen, um sich für die Abreise aus der Stadt zu rüsten. Ich lag eine Weile da und hörte den Stimmen Meiner Freunde zu, in denen Ich eine gewisse Aufregung wahrnahm, da wir im Begriff waren, unsere Reise wieder aufzunehmen.

Mein Vater erfüllte Mein Herz mit Seiner Liebe, und Ich spürte, wie Mein Körper im Heiligen Geist gestärkt wurde. Als die Liebe in Meinem Inneren stärker wurde, befand Ich Mich in freudiger Ekstase, vereinigt mit der Heiligen Dreifaltigkeit. Es klopfte an der Tür, und Mein Freund Johannes rief leise: „Meister, bist Du wach? Bald ist es Zeit aufzubrechen." – „Johannes", antwortete Ich, „einen Moment, Ich komme gleich zu euch." Dieser Moment war eine Ewigkeit der Liebe.

Ich betrat den Innenraum des Hauses, wo Mir Davids Mutter warmes Brot servierte. „Hier bitte, Herr, iss dies sonst wirst Du später Hunger haben." Ich setzte Mich an den Tisch, nahm das Brot und dankte ihr. Sie gab Mir einen Becher Wasser mit einem bisschen Wein darin und sagte: „Du solltest auch etwas trinken." Lächelnd fuhr sie fort: „Wir sind so froh, dass Du in unsere Stadt gekommen bist, Herr! Du hast vielen den Frieden gebracht und so viele geheilt. Ich werde Dich und das, was Du in meiner Familie getan hast, nie vergessen."

„Es macht Mich glücklich zu sehen, dass diejenigen, denen Ich helfe, so dankbar sind. Denke immer daran, Gott für alles zu danken, was Er hier getan hat", sagte Ich.

Johannes kam zu Mir und sagte: „Wir sind bereit aufzubrechen, Herr. Petrus bat mich, es Dir zu sagen." – „Warte noch, Johannes, Ich möchte David und seinem Vater auf Wiedersehen sagen", erwiderte Ich, und die Mutter warf ein: „Sie werden in Kürze kommen, Herr."

Etwa zehn Minuten später kehrten David und sein Vater zurück. „Herr", sagte der Vater, „bevor Du gehst, möchten wir Dir dies schenken." Er überreichte Mir einen Mantel, den sie gerade auf dem Markt für Mich erstanden hatten. David sagte: „Es ist nicht viel, Herr, doch wir hoffen, dass er von Nutzen sein wird." Ich lächelte freudig und nahm den Mantel entgegen.

„Dies ist ein wundervolles Geschenk", sagte Ich. „Ich freue Mich, es in der Liebe anzunehmen, in der es gegeben wurde." Denn Ich sah, dass die Familie alles, was sie besaß, ausgegeben hatte, um den Mantel für Mich zu kaufen, und dass sie deshalb eine Zeitlang weniger zu essen haben würde.

„Das ist das Wenigste, was wir tun können, Herr", sagte der Vater, nahm Meine Hand und küsste sie. „Du hast Frieden in mein Herz gebracht, meiner Frau Freude und meinem Sohn Heilung geschenkt. Mein ganzes Leben lang werde ich für Dich beten – und jeden Tag werde ich Gott ein kleines Opfer bringen, damit Er Dich beschütze." Ich sah ihn an und wusste, dass er sein Versprechen halten würde. Dann sagte die Mutter: „Wenn Du je ein Zuhause brauchst, es ist hier in meinem Herzen für Dich." Sie hatte keine Ahnung, wie sehr Ich

Mich danach sehnte, dass alle Menschen dies zu Mir sagten.

Ich ging nach draußen zu Meinen Jüngern und zu Petrus, dem Ich zuflüsterte: „Lass ein wenig Geld für diese guten Menschen da, aber so, dass sie es nicht merken, bis wir gegangen sind." – „Ja, Herr", antwortete Petrus und ging zu Judas, der Petrus mit sichtlichem Unbehagen ein paar Münzen gab. Ich sah, wie Petrus Judas' Hand ergriff und mehr Münzen daraus nahm. Judas sah so traurig aus.

Meine Jünger versammelten sich um Mich, und Ich sagte: „Bevor wir die Stadt verlassen, besuchen wir die Synagoge, um für eine gute Reise zu beten. Und wir verabschieden uns von jenem heiligen Mann, der auf seine Beerdigung wartet." Als Ich geendet hatte, schlüpfte Petrus unbeachtet aus dem Haus und nickte Mir diskret zu. Wir verabschiedeten uns von Davids Familie und denen, die gekommen waren, um auf Wiedersehen zu sagen, dann gingen wir zur Synagoge. Wir blieben etwa eine Stunde dort, danach gingen wir zum Leichnam des alten Rabbi. Er sah so ruhig, so friedlich, so glücklich aus, da er jetzt die Wahrheit des Todes kannte – der eine Gnade ist, keine Strafe. Wir beteten für ihn, dann segnete Ich ihn.

Als wir uns zum Gehen wandten, erschien der römische Offizier und kam auf Mich zu. „Du bist ein guter Mensch. Du hast mir ein solches Gefühl des Friedens gegeben, und meiner Frau auch. Deine Worte erfüllen meinen Geist und meine Seele. Ich kann sie nicht vergessen", sagte er.

„Mein Freund, auch Ich werde weder dich noch die Liebe und Wärme in deinem Herzen vergessen", erwiderte Ich und legte Meine Hand auf seine Schulter.

„Ich wünschte, ich könnte länger bei Dir bleiben, Herr", entgegnete er. „Von jetzt an werde Ich immer bei dir sein", sagte Ich, und Meine Liebe berührte sein Herz.

„Herr – ich muss Dich einfach so anreden. Ich weiß, dass ich das als römischer Offizier nicht sollte, doch neben Dir fühle ich mich so klein und dennoch so wichtig und so voller Liebe." – „Du bist Mir wichtig, und du wirst von Mir geliebt, ebenso wie die ganze Menschheit", antwortete Ich. Er war verdutzt und sagte: „Wie kannst Du alle Menschen lieben? Bist Du ein Gott?" – „Es gibt nur einen Gott, den Gott der göttlichen Liebe, den Gott der Schöpfung. Den Gott, welcher der Vater ist, und mit dem Vater *Bin Ich*", sagte Ich.

Er verstand es nicht, bis Ich in ihn hinein blickte, dann wusste er es. Er fiel vor Mir auf die Knie und sagte: „Herr!", und sah mit strahlendem Lächeln zu Mir auf. Die Soldaten, die bei ihm waren, sagten: „Steh auf! Verneige dich nicht vor einem Juden! Das wird dich den Kopf kosten!" Er bewegte sich nicht, sondern sagte nur: „Herr", noch immer lächelnd. Ich half ihm auf die Füße und sagte: „Gehe zu deinen Männern und verbreite Gottes Liebe unter ihnen!" – „Ja, Herr", antwortete er, dann machten wir uns auf den Weg.

Einige Zeit später kam Zacharias zu Mir und sagte: „Herr, bitte vergib mir wegen gestern Abend. Ich hatte zu viel getrunken." – „Ich freue Mich, dass es dir bewusst geworden ist, und natürlich vergebe Ich dir, doch wirst du es wieder tun?", fragte Ich. „Nein, Herr, das werde ich nicht. Ich verspreche es. Alles, worum ich bitte, ist: Wenn Du mich schwach werden siehst, dann hilf mir bitte, denn ich bin nicht stark", sagte er und sah Mich flehend an.

„Ich werde immer da sein, um zu helfen, wenn du es wirklich willst“, sagte Ich. „Das will ich, Herr, ich will es wirklich“, meinte er aufrichtig. „Nun gut, dann werde Ich Matthias beauftragen, dass er sich deiner annimmt und für dich da ist, wenn du schwach bist.“ – „Ich danke Dir, danke! Herr, ich habe mir überlegt, ob ich mich bei dem Römer entschuldigen sollte. Ich war so grob, ich muss ihn beleidigt haben“, hakte er nach. „Das wäre ein echtes Zeichen der Buße“, sagte Ich.

Zacharias wandte sich um und lief in die Stadt zurück, während Ich Matthias zu Mir rief. „Bitte kümmere dich für Mich um ihn, da er ein wenig Hilfe und Führung braucht“, bat Ich ihn. „Sehr gerne, Herr“, antwortete Matthias mit einem breiten Lächeln. „Ich diene Dir gern auf jede mögliche Weise“, sagte er, und Ich sah das Glück in seinem Herzen, weil er darum gebeten worden war, etwas für Mich zu tun.

Zwei Stunden später kehrte Zacharias zurück, lächelnd und glücklich. „Herr“, sagte er, als er zu Petrus, Matthäus und Mir kam und an unserer Seite wanderte. „Herr, dieser Römer ist ein guter Mensch. Wir wurden Freunde, und er hat mir vergeben. Ich hätte nie gedacht, einmal einen Römer zu mögen, doch er ist netter als so mancher Jude.“

„Ich freue Mich, dass du dies erkannt hast, du hast heute eine wichtige Botschaft verstanden. Alle Menschen sind gleich, es kommt nicht darauf an, von welcher Rasse oder Farbe sie sind. Für Gott sind die Menschen gleich, alle sind *eine* Familie. In jedem Volk gibt es Gute und Schlechte, in jedem Volk gibt es Sünder und solche, die versuchen, nicht zu sündigen. Jedes Volk ist eine Schöpfung der Liebe Gottes, und in jedem Volk gibt es Hoffnung“, sagte Ich und wanderte schweigend weiter, während Meine Jünger über Meine Worte nachdachten, denn für alle war eine Lehre darin enthalten.

Das auserwählte Volk 21. Dezember 1996

Während wir wanderten, diskutierte Ich mit Meinen Jüngern, wie wichtig es ist zu erkennen, dass in Gottes Augen *alle* Menschen Seine Kinder sind und dass Seine Liebe allen offen steht. Jakobus und Andreas fiel es schwer, dies zu verstehen, denn wie viele Israeliten glaubten sie, dass nur die Juden gerettet werden würden. Sie konnten nicht erkennen, wie die Propheten in der Heiligen Schrift viele Male verkündet hatten, dass Gott *alle* Völker retten würde und dass die Heiden das Israel des Herrn werden würden.

Jakobus (der Bruder des Johannes) hatte Mühe, das zu verstehen, so sagte Ich: „Glaubst du, dass Gott *alle* Dinge aus Seiner Liebe heraus erschaffen hat?" – „Natürlich, Herr", sagte Jakobus. „Glaubst du dann auch, dass der Vater die ganze Menschheit aus Seiner Liebe erschaffen hat?" – „Ja, Herr, natürlich", entgegnete Jakobus ein wenig ungeduldig. „Nun, wenn alle Menschen aus Gottes Liebe erschaffen wurden, warum sollte Gott sich dann von ihnen abwenden?", fragte Ich. „Weil sie keine Söhne Israels sind", stellte Jakobus fest.

„Aber sie sind ein Teil der Familie Gottes, denn wie das Volk der Juden kommen auch sie von Gott." – „Aber Herr, wir, die Juden, sind die Auserwählten! So steht es in der Heiligen Schrift", sagte Jakobus und begriff noch immer nicht, was Ich meinte.

„Was Ich dir erklären will, ist, dass für Gott *alle* Seine Kinder, die Ihn lieben und die Seinen Geboten folgen, ebenfalls Auserwählte sind – denn wenn sie so handeln, werden sie zu einem Teil des Israels, von dem in der Heiligen Schrift die Rede ist. Israel ist das Volk der Herzen, die Gott lieben, und es ist unwichtig, wer oder was die Menschen sind oder woher sie kommen."

Jakobus sagte: „Ich glaube, ich verstehe es jetzt ein bisschen besser, Herr, doch manchmal fällt es einem schwer, das zu ändern, was einem beigebracht worden ist."

„Ich weiß, Mein Freund, aber versuche einfach zu sehen, wie *Gott* auf jede Person schaut, und nicht wie die Menschen schauen", erwiderte Ich, und Andreas rief begeistert: „Das ist es! Man muss so schauen, wie wenn man jede Person durch Gottes Augen sähe." Ihm war gerade klar geworden, was Ich gesagt hatte. Jakobus sah zu Andreas: „Ich werde es versuchen und hoffe, dass es mir so klar wird wie dir", sagte er.

„Das wird es", sagte Ich sanft, „eines Tages wird es dir klar sein." Ich dachte daran, wie stark Jakobus sein würde, wenn er mit dem Heiligen Geist erfüllt worden war, und wie er die ganze Menschheit lieben würde.

Tobias und die Tiere 22. Dezember 1996

Gegen Ende des Tages stießen wir auf eine Handelskarawane, die zu den Märkten Jerusalems zog. Ihre Güter waren auf den Rücken von Kamelen und Eseln festgeschnallt, insgesamt waren es etwa dreißig Tiere. Sie waren gerade dabei, die Tiere festzubinden und ein Nachtlager vorzubereiten.

Als wir uns näherten, kam ein großer Mann mit lauter Stimme auf uns zu, um uns zu begrüßen. „Willkommen", sagte er, „willkommen, meine Freunde. Wohin geht ihr?"

Petrus antwortete: „Wir sind auf dem Weg nach Jerusalem und machen in den Städten und Dörfern unterwegs Halt." – „Dorthin wollen wir auch, um unsere Waren zu verkaufen", sagte der große Mann, während andere aus der Karawane zu uns kamen. „Wollt ihr diese Nacht bei uns bleiben?", fragte der große Mann. Petrus sah Mich fragend an, und so nickte Ich zustimmend. „Ja", antwortete Petrus, „sehr gerne. Ich bin Petrus", sagte er und reichte dem Mann freundschaftlich die Hand.

„Und ich bin Markus", erwiderte der Mann. Bald hatten wir uns gegenseitig vorgestellt und errichteten alle gemeinsam ein Lager neben der Straße.

Ich sprach einen jungen Mann an, der von Mir fasziniert zu sein schien und nicht aufhören konnte, Mich mit großen, weiten Augen anzusehen. „Wie heißt du, Mein Freund?", fragte Ich. „Tobias", sagte er und schaute Mich unverwandt an. „Das ist ein guter Name", lächelte Ich ihm sanft zu. „Ja, meine Eltern wählten ihn aus der Heiligen Schrift", antwortete er und fügte hinzu: „Ich weiß nicht, was mit Dir ist, doch ich fühle mich einfach zu Dir hingezogen; ich kann nicht aufhören, Dein Gesicht anzusehen. Es ist so voller Frieden."

„Nun, Ich freue Mich, dass es dir so ergeht", sagte Ich und klopfte ihm auf die Schulter. „Mein Name ist Jesus."

Jakobus und Johannes kamen zu Mir und erkundigten sich: „Ist alles in Ordnung, Herr? Können wir etwas für Dich tun?" Ich sah, wie besorgt sie darum waren, dass Ich in Ruhe gelassen und nicht von anderen gestört wurde. Was für liebe Freunde habe Ich!

„Ja, es ist gut. Ich habe gerade mit Tobias hier Freundschaft geschlossen und möchte Mich gern eine Weile mit ihm unterhalten“, sagte Ich freundlich zu ihnen. Johannes und Jakobus lächelten Tobias zu, dann sagte Johannes: „Dann wollen wir Dich nicht stören, Herr.“ – „Ich danke euch, Meine Freunde“, entgegnete Ich liebevoll.

Tobias sah Mich noch immer an und sagte: „Warum nennen sie Dich Herr? Bist Du jemand Besonderes?“ – *Ich Bin es*“, sagte Ich. „Ich dachte es mir, Dich umgibt etwas Geheimnisvolles, doch es ist für mich nicht greifbar.“

„Setzen wir uns und reden ein bisschen“, sagte Ich und setzte Mich auf eine Decke auf den Boden. Tobias setzte sich neben Mich, und Ich fragte ihn: „Wie lange seid ihr schon unterwegs?“ – „Nicht so lange, etwa sieben Tage“, antwortete er. „Auf deinen Reisen musst du viel gesehen haben“, bemerkte Ich. „Ja, das stimmt. Dies ist nicht die erste Karawane, mit der ich reise, und es wird auch nicht die letzte sein“, sagte er. „Erzähle Mir, was du so tust“, bat Ich. „Oh, ich kümmere mich um einige der Tiere. Das macht mir wirklich Freude, denn ich liebe Tiere, und sie scheinen mich auch zu lieben“, sagte er.

„Ja, die Tiere sind ein wundervolles Geschenk der Liebe Gottes an die Menschen“, sagte Ich. „Jesus, ich finde mehr Liebe in den Tieren als in manchen Menschen, und ich bin lieber bei den Tieren als bei den Menschen – außer bei Dir natürlich, ich fühle mich so glücklich in Deiner Nähe“, stellte er lächelnd fest und dachte an die viele Zeit, die er bei den Tieren verbracht hatte.

„Weißt du, Tobias, die Liebe, die du in Tieren findest, kannst du in noch größerem Ausmaß in den Menschen finden“, sagte Ich. „Wie meinst Du das?“, fragte er verblüfft.

„Nun, Gott hat die Tiere aus Seiner Liebe heraus erschaffen, doch Er schuf auch die Menschheit aus Seiner Liebe. In den Menschen jedoch schuf Er einen Widerschein Seiner selbst, denn die Menschen sind nach Seinem Abbild geschaffen. Darum ist die Liebe Gottes in den Menschen auf eine andere, größere Art gegenwärtig", erklärte Ich.

„Aber Tiere verletzen dich nicht, beschimpfen dich nicht und lehnen dich nicht ab. Sie lieben dich einfach!", unterbrach er. „Das ist wahr, sie lieben dich einfach, doch sie lieben dich aufgrund der Liebe Gottes, die in ihnen ist. Mit den Menschen verhält es sich so: Gottes Liebe ist in noch größerem Maß in ihnen, deshalb ist die Liebe, die du von den Mitmenschen erhalten kannst, noch stärker und fruchtbarer", sagte Ich und schaute ihn an, wie er dasaß, gefesselt von jedem Meiner Worte.

Ich fuhr fort: „Manchmal zeigen nicht alle Menschen diese Liebe, die in ihnen steckt. Oft ist sie verborgen, weil die Menschen verletzt wurden. Und so verstecken sie ihre Liebe unter der Oberfläche, um nicht wieder verletzt zu werden. Bei anderen verbirgt sich die Liebe hinter Gedanken der Selbstsucht, der Gier, der Macht und des Hasses, doch sie ist trotzdem da. Andere lieben einfach und gehen in ihrer Liebe auf alle zu. In diesen siehst du, wie der Mensch sein sollte. Du erkennst in diesen Menschen die Freude des Liebens und die Freude des Lebens."

„Ja, Jesus, so sind viele. Doch mir fällt es schwer, mit anderen befreundet zu sein, denn so viele verletzen mich und machen sich über mich lustig", sagte Tobias aufrichtig.

„Dadurch aber versteckst du die Liebe, die Gott dir geschenkt hat. Du lässt zu, dass die Taten anderer diese Liebe tief in dir begraben. Und wenn du dies zulässt, wirst du eines Tages feststellen, dass die Liebe sterben kann", sagte Ich.

„Aber ich liebe die Tiere", entgegnete er. „Ja, das tust du. Ist es aber wahre Liebe, wenn du nur jene liebst, die dich lieben und dir nicht wehtun? Wahre Liebe bedeutet doch, jene zu lieben, die dich schmähen, verletzen und verhöhnen. Wahre Liebe bedeutet doch, diesen zu vergeben und ihnen weiterhin deine Liebe entgegenzubringen; denn wenn du dies nicht tust, könnte deine Liebe verschwinden", sagte Ich.

„Aber das ist schwer, Jesus! Bei den Tieren fühle ich mich so wohl, bei den Menschen hingegen nicht", sagte er, während ein Hund kam und ihm die Hand leckte. „Fühlst du dich wohl bei Mir?", fragte Ich. „Ja", sagte er und lächelte Mir zu. „Dann denke jedes Mal, wenn du mit jemandem zusammen bist, daran, wie wohl du dich bei Mir gefühlt hast, und versuche, das auf die anderen zu übertragen", schlug Ich ihm vor.

„Und wenn sie mich ablehnen?", fragte er wieder.

„Dann verstehe, dass dies ihr Problem ist, nicht deines. Liebe sie, vergib ihnen und versuche, sie zu verstehen", sagte Ich. „Meinst Du, ich sollte aufhören, die Tiere zu lieben?", fragte er zweifelnd.

„Nein, gewiss nicht! Tiere sind wundervoll", sagte Ich, als der Hund jetzt zu Mir kam und Mein Gesicht abzulecken versuchte, „aber baue dir nicht selbst ein Gefängnis, indem du dich hinter ihnen versteckst!" Ich lachte nun, da der Hund sich vor Mich hingelegt hatte und Ich seinen Bauch kraulte.

„Ich wusste, dass etwas Besonderes um Dich ist. Du bist so weise! Ich werde versuchen zu tun, was Du sagst", erwiderte Tobias und erhob sich, um zu gehen. „Tobias, du bist ein guter Mensch und hast viel Liebe zu geben. Verbirg sie nicht, wie es viele tun“, sagte Ich.

„Ja, Herr, ich werde es versuchen. Hast Du gehört? Ich nannte Dich Herr! Ich frage mich, wieso?“ Dann ging er, um sich um die Tiere zu kümmern. Sein Hund folgte ihm.

Markus und das Gebet 23. Dezember 1996

Später hatten wir uns alle um ein großes Feuer versammelt. Neben dem Feuer lagen Lebensmittel bereit, um für das Abendessen zubereitet zu werden. Mit Meinen Jüngern und den Mitgliedern der Karawane waren wir eine recht große Gruppe. Markus rief mit weit ausgebreiteten Armen allen zu: „Heute Abend werden wir ein Fest feiern, denn wir haben viele neue Freunde bei uns und sollten unsere Gemeinschaft genießen.“ Dann wandte er sich den Nahrungsmitteln zu, warf einen Blick darauf und sagte: „Lasst uns diese Speisen zubereiten und gemeinsam feiern!“

Einige Männer nahmen die Lebensmittel und machten sich an die Arbeit, als Petrus vortrat und sagte: „Vielleicht sollten wir zuerst ein Dankgebet zu Gott sprechen.“ – „Beten!“, bellte Markus. „Wir beten hier nicht! Wir sind zu beschäftigt, und gewöhnlich sind wir am Ende des Tages zu müde“, lachte er, und andere murmelten zustimmend.

„Das Gebet“, erwiderte Petrus, „ist wichtig. Ihr solltet jeden Tag zu Gott beten aus Dank für das, was Er euch geschenkt hat und in diesem Leben noch schenken wird, gerade wie dieses wundervolle Essen vor uns.“ – „Na na!“, sagte Markus. „Diese Lebensmittel haben wir mit unseren eigenen Händen erworben! Täglich arbeiten wir hart für alles, was wir bekommen. Wir brauchen nicht zu beten, mein Freund." Markus kam herüber, legte seinen Arm um Petrus und gab ihm einen sanften Stoß. „Das Gebet ist für solche, die nichts Besseres zu tun haben", meinte er.

Petrus sah Mich an, und Ich lächelte ihm zu, ohne jedoch etwas zu sagen. Dann sagte Petrus zu Markus: „Aber das Gebet macht das Leben erst vollkommen, denn im Gebet sprichst du mit Gott, Er hört zu und antwortet auf deine Gebete. Ja, das Leben scheint manchmal hart zu sein, und alles scheint auf die eigenen Mühen zurückzugehen, doch so ist es nicht. Alles geschieht nach dem Willen Gottes."

„Wenn du es sagst, mein Freund – aber wir wollen nicht darüber streiten. Wenn ihr beten wollt, dann tut es, doch erwartet nicht von uns, dass wir mitbeten", sagte Markus liebenswürdig.

Petrus wusste nicht, was er sagen sollte, und viele Meiner Jünger schauten zu Mir. So ging Ich zu Markus und sagte: „Mein guter Freund, du bist ein so warmherziger, großzügiger Mensch, du gibst uns wirklich das Gefühl, willkommen zu sein. So, wie du bist, so hat Gott dich gemacht: eine Freude für alle, die dir begegnen. Gott hat jedem Gaben geschenkt. Dies sind deine Gaben, und sie sind sehr ausgeprägt. Ich weiß, dass du dem Gebet nicht viel Wert beimisst. Du glaubst, es werde nur verlangt, ein gutes Leben zu führen. Wenn du so denkst, setzt du dich jedoch an Gottes Stelle, denn du lehnst ab, was Er von dir erbittet. Selbst wenn du ein gutes Leben führst, ist es doch leer, wenn du Gott ablehnst.

Ich weiß, dass du dir hie und da Gedanken machst über deine Vergangenheit, über deine Zukunft und dein

Leben. Du fragst dich, wozu das alles gut sei, was der Sinn deines Hierseins ist. Nun, du stellst dir all diese Fragen, weil Gott in deinem Leben keinen Raum hat. Mit Gott in deinem Herzen würdest du den Sinn des Lebens erkennen.

Erinnerst du dich daran, wie du freundlich zu Menschen gewesen bist, sie dich jedoch abwiesen? Erinnerst du dich, wie du dich fühltest – etwas erzürnt, ein wenig verletzt und manchmal sogar ein bisschen minderwertig. Mit Gott in deinem Leben hättest du weniger Zorn und Schmerz, du würdest verstehen, dass du nicht geringer oder besser als diese Menschen bist, sondern gleichwertig – in den Augen Gottes.

Erinnerst du dich auch daran, wie du bei drohendem Unheil manchmal gesagt hast: ‚Wenn es einen Gott gibt, dann hilf mir!' Und das Unheil trat nicht ein. Erkenne jetzt, dass dies ein Gebet war, und dass Gott in Seiner Barmherzigkeit dein Gebet beantwortet hat. Daraus kannst du erkennen: Wenn du mit Liebe und Hoffnung zu Gott betest, werden deine Gebete beantwortet, wie es schon so oft in deinem Leben geschehen ist. Versuche, jeden Tag ein wenig zu beten, einfach mit ein paar eigenen Worten, und du wirst sehen, was Gott in deinem Leben tun wird."

Niemand sprach, und Markus schaute Mich an, bis Ich seine Hand nahm und sagte: „Komm, bete mit Mir und spüre die Liebe Gottes." Er war wie benommen, als er antwortete: „Ich werde es versuchen, für Dich." Alle Anwesenden reichten sich die Hände und Ich führte sie im Gebet zu Gott. Der Klang all dieser im Gebet vereinten Stimmen versetzte Mein Herz in Freude.

Als wir fertig waren, sagte Markus laut und lächelte dabei: „Das war ein gutes Gefühl! Ich bin so glücklich! Vielleicht sollten wir versuchen, das öfter zu tun."

„Das ist alles, worum Ich bitte: dass du es versuchst", sagte Ich, woraufhin er Mich umarmte.

„Ja, ich werde es versuchen. Ich verspreche es. Ich fühle mich wirklich gut danach, es ist wahr, was Du gesagt hast. Ich habe Gott viele Male angerufen – und, ja, wenn ich jetzt darüber nachdenke ... Er hat mir geantwortet!" Danach ging er, um den mit den Lebensmitteln beschäftigten Männern Anweisungen zu geben.

Petrus kam zu Mir und sagte: „Es tut mir leid, Herr, dass ich Dich im Stich gelassen und das Beten nicht richtig erklärt habe." – „Petrus, Mein Freund, du hast Mich nicht im Stich gelassen. Du hast es versucht, und du hast Mir vertraut. Das ist das Ausschlaggebende", sagte Ich und legte Meine Hand auf seine Schulter. „Du hast Gott nicht verleugnet, als er dich herausforderte. Du sagtest die Wahrheit so, wie du es vermagst, und du hast diesem Mann geholfen, zu Mir zu kommen. Was könnte Ich mehr von dir verlangen, Mein Freund? Du hast so viel getan!"

„Danke, Herr. Ich dachte, ich hätte Dich mit meiner mangelhaften Erkenntnis in Verlegenheit gebracht", entgegnete Petrus.

„Eines Tages, Mein Freund, wirst du mit all der Erkenntnis erfüllt sein, die du brauchst, um die Größe Gottes zu verkündigen", sagte Ich und sah Petrus vor vielen klugen Menschen stehen und in reiner Gottesliebe und durch die Kraft des Heiligen Geistes all ihre Fragen beantworten. Ich sah auch, wie er –indem er sein Leben für Mich hingab – allen die Wahrheit verkündigen würde. Welch ein guter Freund, welche Freude für Mein Herz!

Der Schlaf des Gerechten 24. Dezember 1996

Als das Essen fertig war, setzten wir uns alle und aßen, während wir uns angeregt unterhielten. Die Nacht brach herein, nur der Schein des großen Feuers hielt die Dunkelheit fern. Tobias hatte sich mit vielen Leuten unterhalten. Er wirkte glücklich, als er zu Mir kam und meinte: „Du hast recht, Jesus, ich habe herausgefunden, dass es Spaß macht, mit all diesen Leuten zu sprechen. Ich habe das wirklich noch nie so erlebt."

„Ich freue Mich, dass du jetzt in jedem die Liebe erkennst. Das ist es, was dich glücklich macht. Es ist bedrückend zu sehen, wie viele blind dafür sind", entgegnete Ich. Tobias ging wieder, um sich mit jemand anders zu unterhalten.

Matthäus und Simon saßen rechts und links neben Mir, und Bartholomäus schlief gegen Matthäus' Schulter gelehnt. Simon schaute auf Bartholomäus und sagte: „Er schläft schon wieder! Wie macht er das bloß? Er kann überall schlafen."

„Es ist gut, dass er seinen Frieden hat, selbst wenn es viel Ablenkung gibt", sagte Ich. „Ich wünschte, Herr, er würde anderswo seinen Frieden haben", bemerkte Matthäus, „er ist so schwer!" Ich lächelte, ging zu Bartholomäus und zog ihn von Matthäus' Schulter. Seinen Kopf bettete Ich auf eine Decke, die Ich zuvor zusammengefaltet hatte.

Matthäus reckte sich und sagte: „Danke, Herr! Es fing an, weh zu tun." Ich schaute auf Bartholomäus, der wie ein Baby schlief und keinerlei Notiz von seiner Umgebung nahm. Während Ich sein Gesicht betrachtete, sah Ich viele, denen das Schlafen schwerfiel; viele, die nicht ausruhen konnten; viele, die im Leben keinen Frieden fanden. Ich schaute dies und wünschte allen, so den Frieden zu haben wie Bartholomäus.

„Wie macht er das bloß, Herr?“, fragte Simon, „Wie kann er so viel und so tief schlafen?“ – „Er schläft so, weil er Frieden im Herzen hat. Er macht sich kaum Sorgen und hegt weder Wut noch Groll im Herzen. Er überlässt alles Gott, und so findet er Frieden; einen Frieden, der Gelassenheit in sein Leben bringt; einen Frieden, der seinem Herzen Ruhe schenkt und seine Seele leicht macht. Es ist nicht verwunderlich, dass Bartholomäus so gut schläft. Oh, könnten doch alle so sein wie er!“, antwortete Ich.

Markus kam zu Mir herüber, nahm Meinen Arm und führte Mich etwas abseits von den anderen. Leise sagte er: „Jesus, hast Du Tobias heute Abend gesehen? Er ist nicht mehr derselbe! Normalerweise sitzt er ruhig da und sagt wenig, doch heute Abend redet er mit jedem, und er ist so glücklich! Ich bin so froh, denn er ist mein Neffe, und ich hatte mir Sorgen um ihn gemacht. Ich glaube, ich werde ein kleines Dankgebet dafür an Gott richten.“

„Ja, in deinem Herzen hast du schon lange darum gebeten, dass Gott deinen Neffen von seiner Schüchternheit und Unsicherheit im Umgang mit anderen heilen möge. Du hast darum gebeten, es aber nie jemandem gesagt. Du hast darum gebeten, weil du deinen Neffen liebst und weil du nicht wolltest, dass er ein einsames Leben führte. Nun, wieder hat Gott deine Gebete erhört, denn es waren Gebete, auch wenn du sie nicht dafür gehalten hast. Ich denke, dass du an Gott glaubst. Du hast es nur gut versteckt. Ein kleines Dankgebet heute und jeden Tag, das wäre ein Geschenk, das Gott kostbar ist, ein Geschenk, das dich näher zu Gott bringen wird", erklärte Ich.

„Woher weißt Du so viel über mein Leben und über mich? Du scheinst meine Gedanken zu kennen! Wer bist Du?", fragte Markus verunsichert.

„*Ich Bin* die Liebe des Vaters, in diese Welt gekommen, um die Gefangenen zu befreien", antwortete Ich. „Ich weiß nicht, was Du mit diesen Worten meinst", sagte Markus mit bebender Stimme.

Ich schaute in sein Herz und sagte: „Du hast zu Gott gerufen, und Gott hat deine Gebete erhört. Eines Tages wird Gott dich rufen, und du wirst auf Seinen Ruf hören." Markus fiel vor Mir auf die Knie: „Ich glaube, ich weiß, wer Du bist! Viele sprechen vom Messias, aber dass ich Dir begegnen sollte ...", sagte er und begann, Meine Füße zu küssen. Ich bückte Mich, half ihm auf und sagte: „Lass das unter uns bleiben. Es ist noch nicht an der Zeit, dass die anderen es wissen."

„Versprochen, Herr, ich verspreche es", wiederholte er. Ich wusste, dass er zu seinem Wort stand und sein Versprechen halten würde. „Herr, wann immer Du etwas brauchst, frage nur, und wenn ich es habe, werde ich es Dir geben", bot Markus an.

„Deine Liebe und deine Gebete sind alles, worum Ich bitte. Aber eines Tages in der Zukunft werde Ich rufen, und Ich weiß, dass du darauf antworten wirst", sagte Ich und sah Markus, der da sein würde bei der Gründung Meiner neuen Kirche. Ich sah, wie er verfolgt und von einem Mann namens Saulus getötet werden würde, und wie er, wenn Ich ihn im letzten Augenblick seines Lebens rief, nicht zauderte. Mit Tränen in den Augen sagte Ich: „Geh ruhig und genieße die Zeit mit den anderen, denn Ich möchte ein bisschen allein sein."

Markus ging zurück und schien glücklicher denn je zuvor. Ich ging allein weiter und dachte daran, wie tief die Liebe derer war, die ihr Leben für Mich hingeben würden.

Das Opfer der Nachfolge 25. Dezember 1996

Ich kam und legte Mich zwischen die nahe am Feuer schlafenden Männer. Die Wärme des Feuers war so einladend, dass es nicht lange dauerte, bis Ich einschlief. Als Ich die Augen öffnete, war es früh am Morgen. Die meisten schliefen noch, außer einem oder zwei Männern, die sich auf den kommenden Tag vorbereiteten. Wieder spürte Ich das Bedürfnis, allein zu sein. So stand Ich auf und ging ein kleines Stück die Straße entlang, bis Ich zu einem Feld voller Feigenbäume kam. Der Duft der Früchte erfüllte die Luft. Ich setzte Mich unter einen der Bäume, um zu beten. In den Zweigen spielten kleine Vögel, die hin und her flogen, erfüllt von der Freude des Lebens.

Ich schloss die Augen und begann zu beten. Bei jedem Wort konnte Ich die Gegenwart Meines Vaters spüren. Mein Herz tanzte in Seiner Liebe. Als Ich Mich dem Heiligen Geist zuwandte, schien Mein Leib in der Kraft der Liebe Gottes zu brennen, und Meine Gebete wurden eins mit der Liebe, die Mich umgab und erfüllte. Ich lag einige Zeit da, vereint mit der ewigen Dreifaltigkeit Gottes.

Als Ich das Gebet beendet hatte und Mein Vater und der Heilige Geist Mich für den vor Mir liegenden Weg gestärkt hatten, erhob Ich Mich und ging zur Karawane zurück. Die meisten waren inzwischen entweder mit dem Bepacken ihrer Tiere und den Vorbereitungen für den Aufbruch beschäftigt oder saßen da und frühstückten.

Andreas kam zu Mir und sagte: „Ich werde Dir das Frühstück zubereiten, Herr. Du musst Hunger haben."

„Ich danke dir, das habe Ich", sagte Ich und sah aus dem Augenwinkel, wie Jakobus und Johannes ins Lager zurückkehrten. Wieder hatten sie über Mich gewacht und Mich behütet. Was für Freunde habe Ich!

Andreas sagte: „Herr, wollen wir im nächsten Ort Halt machen, oder wäre es besser, sich dieser Karawane anzuschließen und mit ihr nach Jerusalem zu gehen?"

„Ich denke, dass wir unterwegs in so vielen Städten und Dörfern wie möglich Halt machen sollten, denn es gibt viele, die Hilfe brauchen", antwortete Ich mit einem leisen Lächeln. „Ja, Herr, natürlich. Deshalb tun wir dies ja", erwiderte Andreas, dem klar wurde, dass er einen Augenblick lang den Grund vergessen hatte, warum Ich hier war.

Matthias kam zu Mir und meinte: „Herr, Zacharias benimmt sich sehr gut, es ist eine Freude, mit ihm zusammen zu sein. Doch ich frage mich, ob er bleiben soll? Letzte Nacht weinte er, weil er seine Mutter und seine Familie vermisste. Er liebt seine Mutter und macht sich Sorgen, was sie ohne ihn tun wird." – „Ich werde mit ihm sprechen", sagte Ich und begab Mich zu Zacharias.

„Zacharias, Mein Freund, fällt es dir schwer, deine Familie zu verlassen?", fragte Ich. Er sah ein wenig verlegen aus und sagte: „Ja, Herr. Ich mache mir Sorgen um Mutter. Sie ist alt, und ich habe immer alles für sie gemacht. Wer wird es jetzt tun?" – „Zacharias, mach dir keine Sorgen! Deine Geschwister kümmern sich um sie. Glaubst du, Ich hätte dich von deiner Familie weggerufen, wenn du dort gebraucht worden wärst? Ich zerstöre die Familien nicht, Ich baue sie auf, und Ich bitte diejenigen, mit Mir zu kommen, die es können. Manchmal ist es hart, aber das ist ein Teil des Opfers, das die Menschen bringen müssen, um Mir nachzufolgen. Es ist ein Opfer der Liebe, das Familien nicht zerbrechen, sondern sie aufbauen wird; und es ist ein Opfer, das dir das Herz schwer macht, wenn du es zulässt. Erkenne es als das, was es ist: ein Geschenk an Gott, und sieh, dass Gott für deine Lieben sorgt und sie nicht verlässt", erklärte Ich.

„Ja, Herr, ich werde es versuchen, doch manchmal schmerzt es", antwortete er. „Wenn es anders wäre, dann wäre es kein Opfer, nicht wahr?", sagte Ich. „Du hast recht, Herr. Ich werde diesen Schmerz jeden Tag Gott darbringen und darauf vertrauen, dass Er für meine Mutter sorgt", sagte er. „Das ist alles, was du tun musst", entgegnete Ich, legte Meinen Arm um ihn und sagte: „Mach dir keine Sorgen, vertraue Mir!"

Ich sah dann jene, die in ihrem Leben so viel für Mich opfern würden – Familie, Freunde, Ruhm und Reichtum. Sie opfern es aus Liebe zu Mir, und manchmal fällt es ihnen schwer, es ist hart, aber dann finden sie durch die Gnade des Heiligen Geistes die Kraft, es zu vollbringen.

Ich sah auch jene, die alles für Mich geben wollten, aber meinten, es nicht zu können, weil sie von anderen gebraucht wurden. Oft verstanden diese Menschen nicht, dass auch ihr Opfer, dort zu bleiben, wo sie gebraucht wurden, groß war. Auf diese Art zeigten sie ihre Liebe zu Mir und ihren Gehorsam gegenüber Meinem Willen, denn Ich möchte, dass sie dort sind, wo sie gebraucht werden.

Nachdem Ich gegessen hatte, versammelte Ich Meine Jünger und sagte: „Wir werden nun gemeinsam zum Vater beten, dass Er uns auf unserer Reise führe und behüte. Wir wollen auch darum bitten, dass der Vater die Karawane dieser guten Leute behüte." Bei Meinen Worten hatten sich alle Mitglieder der Karawane zu uns gesellt, um zu beten. Ich schaute in die Runde und sah in so vielen Gesichtern einen Eifer zu beten – einen Eifer, den viele zuvor nicht gehabt hatten.

Der Klang all jener Stimmen, die in der Liebe zu Gott betend vereint waren, schenkte Mir eine innere Freude. Als ich jene sah, die das Gebet zuvor ignoriert oder für wertlos gehalten hatten, wie sie jetzt so eifrig beteten, dachte Ich daran, dass es noch viele Menschen gab, denen nur gesagt werden musste, was das Gebet wirklich ist, damit sie es zu einem Teil ihres Lebens machen konnten.

Die Gebete endeten, und Markus, der Führer der Karawane, kam mit Tobias zu Mir. „Herr", sagte Markus mit leicht geneigtem Haupt, denn er fühlte sich unwürdig, Mich anzusehen. Welche Demut in einem Menschen, dachte Ich. „Mein Freund", sagte Ich, streckte die Hand aus und richtete ihn sanft auf.

„Herr, wie weit wirst Du mit uns reisen?", fragte Markus. „Wir gehen heute nur bis zum nächsten Dorf, denn wir werden dort gebraucht", antwortete Ich.

Markus und Tobias sahen beide traurig aus, und Tobias sagte: „Das ist nicht weit. Das bedeutet, dass Du uns verlassen wirst, wo die Straße sich gabelt, etwa eine Meile von hier. Bleibst Du nicht länger bei uns?"

„Euer Leben ist von Gottes Liebe verwandelt und berührt worden. Seht, wie viel besser es jetzt ist! Würdet ihr anderen diese Gelegenheit vorenthalten?“, fragte Ich.

„Nein, Herr, natürlich nicht“, sagte Markus. „Es ist nur so, dass wir nicht wollen, dass Du gehst.“

„Ich werde nun immer mit euch sein, Ich werde euch nie verlassen, denn Ich bin in euren Herzen und ihr in Meinem“, entgegnete Ich und lächelte ihnen zu.

Petrus kam mit Johannes und Jakobus an seiner Seite zu uns. „Meister“, sagte er, „wir werden diese Freunde heute verlassen. Ich dachte, ob wir, bevor wir aufbrechen, gemeinsam einen Psalm singen könnten, um Gott für diese Begegnung zu danken?“ Alle Umstehenden stimmten zu, und so fassten sich alle an den Händen und begannen zu singen. Es dauerte nicht lange, bis wir nach einem langsamen Lied zu einem freudigeren übergegangen waren, und alle tanzten oder wiegten sich im Takt. Als es endete, lag das Glück spürbar in der Luft.

Da rief Simon: „Vielleicht können wir so lange singen, bis wir auseinander gehen?“ Alle stimmten freudig zu, und so war die Straße die nächste Meile von Psalmenklang erfüllt. Als sich unsere Wege trennten, sprühten alle vor Begeisterung vom Singen aus Liebe zu Gott. Meine Jünger und Ich umarmten die Männer der Karawane und wir nahmen Abschied.

Während jeder seines Weges zog, sangen beide Gruppen noch immer, und jede konnte die Lieder der anderen hören. Während wir singend und Gott preisend wanderten, kamen wir an einer Gruppe römischer Soldaten vorbei, die in die Gegenrichtung marschierten. Sie sahen müde und verdrossen aus, und so machten wir bereitwillig Platz, um sie vorbei zu lassen. Der Offizier auf dem Pferd schaute Mich wütend an. Ich erkannte in ihm denjenigen, der die jungen Männer in dem Dorf gekreuzigt hatte. Als er vorbeiritt, spuckte er auf Mich und rief: „Juden! Ich hasse sie!“, und zog weiter.

Zur Nachhut der Soldatentruppe gehörten drei oder vier Verwundete, die von ihren Kameraden gestützt wurden. Ich wollte auf sie zugehen und ihnen helfen, doch offensichtlich war Meine Hilfe nicht erwünscht. Wie traurig, dass sie so bitter geworden waren!

Petrus kam zu Mir und meinte: „Sieht so aus, als ob sie einen Kampf hinter sich hätten ... Ob wohl Zeloten in der Nähe sind?“ Jakobus, der Bruder des Johannes, sagte: „Tapfere Männer, sich gegen Rom zu erheben!“ Der junge Jakobus entgegnete: „Ich denke, sie sind verwirrte und irregeführte Männer, nicht tapfere!“ Die Weisheit dieses jungen Mannes erstrahlt als Gabe Gottes, dachte Ich. Judas Iskariot, der stets bereit war, den jungen Jakobus herabzusetzen, sagte: „Was weiß ein Junge wie du schon? Frecher Grünschnabel!“

Da entgegnete Jakobus, der Bruder des Johannes: „Nein, er hat recht, Judas. Lass ihn in Ruhe, er spricht die Wahrheit. Ich liege falsch, nicht er!“ Judas sah verletzt aus, als er ausrief: „Aber ich wollte dich unterstützen!“ – „Dann hast du den Falschen unterstützt“, entgegnete Jakobus, der Sohn des Zebedäus.

Judas war eingeschnappt, während wir weiter wanderten, und so ging Ich zu ihm und sagte: „Es ist in Ordnung, wenn man nicht versteht, einen Fehler gemacht zu haben. Es ist jedoch wichtig zuzuhören, wenn die Weisheit spricht, damit man zur Erkenntnis kommt. Die Weisheit kann manchmal aus dem Mund der Kinder kommen, deshalb solltest du versuchen, auch dem zuzuhören, was die Jüngeren sagen, denn viele von ihnen besitzen eine Weisheit, die über die Anzahl ihrer Jahre hinausgeht."

„Ja, Herr", sagte Judas noch immer unglücklich, „aber ich bin der Meinung, dass die Zeloten viel für Israel tun."

„Was sie tun, hat manchmal gute Gründe. Aber oft ist ihr Handeln falsch, eine Sünde. Und es gibt keine Gründe, und seien sie noch so gut, um Sünde zu rechtfertigen", erklärte Ich ihm mild. „Ja, Herr", sagte Judas mit wenig Interesse an dem, was Ich sagte.

„Judas, Mein Freund, es ist gut, neben dir zu gehen", sagte Ich liebevoll zu ihm. „Ja, Herr", erwiderte Judas, der jetzt nicht einmal mehr zuhörte, was Ich sagte. Wie traurig, dachte Ich. Judas ist wie so viele, neben denen Ich gehe und die nicht einmal merken, dass Ich da bin.

Wir kamen zu dem Ort, und als wir ihn betraten, sahen wir umgestürzte Karren, stellenweise lagen Kleider, Krüge und Pfannen auf dem Boden verstreut umher. Frauen wehklagten und hielten ihre leblosen Väter, Männer, Brüder oder Söhne in den Armen. Ich empfand eine tiefe Traurigkeit, als Ich wiederum den Schmerz sah, den Menschen anderen Menschen zufügen konnten. Wir betraten den Dorfplatz, auf dem sich viele Menschen versammelt hatten und einem Mann lauschten, der auf einem Tisch stand. Ich erkannte, dass es Barabbas war.

„Heute", rief er, „haben wir uns Rom widersetzt! Heute sind die Römer vor uns geflohen. Heute haben wir ihnen gezeigt, wie stark jüdische Herzen sind! Stehen wir fest zusammen für unser Land; vereinigen wir uns zu einer Armee der von Gott Erwählten! Zeigen wir Rom, was es bedeutet, die Kinder Gottes zu unterjochen!" Von den jungen Männern in der Menge kam eine begeisterte Antwort, doch die meisten der älteren und weiseren schwiegen.

Barabbas schalt sie: „Was ist los mit euch? Ihr habt die Römer davonrennen sehen, und trotzdem jubelt ihr nicht und seid nicht entschlossen, gegen Rom zu stehen. Seid ihr Männer oder Schafe?" Ein Murmeln kam aus der Menschenmenge, und Barabbas fuhr fort: „Wartet ihr auf den Messias – wartet ihr auf Gott, darauf, dass Er einen Menschen schickt, um in Seiner Kraft Israel zu befreien? Nun, Gott gibt diese Kraft jedem Sohn Israels, der sich dem Übel Roms entgegenstellt! Die Kraft Gottes ist in euren Herzen, wenn ihr sie sucht, und jeder von euch kann der Retter Israels sein", stellte Barabbas fest, dessen Erregung mit jedem seiner Worte stieg.

„Meister", sagte Petrus, „er täuscht die Menschen und wiegelt sie zum Hass auf." Ich wandte Mich Petrus zu und sah, dass seine Weisheit in jedem Augenblick zunahm. Die Menge, beeinflusst von Barabbas' Worten, wurde immer lauter. Ich dachte, wie leicht können die Menschen irregeführt werden! Ich ging dorthin, wo Barabbas stand, und stellte Mich vor ihn hin. Er schaute auf Mich herab und fragte: „Was tust Du hier? Was willst Du? Bist Du gekommen, Dich uns anzuschließen?"

Mit festem Blick schaute Ich ihm in die Augen und sagte: „Ich möchte sprechen." Zunächst schien er das verweigern zu wollen, aber als Ich sein Herz berührte, stieg er stumm herab und machte Mir Platz. Die Menge hatte sich beruhigt, und jemand rief: „Wer bist Du?" Ich antwortete: „Ich bin Jesus von Nazaret." Durch die Menge ging ein hörbares Flüstern: „Es ist Jesus. Er ist ein Prophet, ein Heiler."

Mit erhobenen Armen bedeutete Ich ihnen zu schweigen und sagte: „Meine Freunde, wenn Ich Mich heute bei euch zu Hause umsehe, erkenne Ich nur Tod und Zerstörung. Ich sehe viele Frauen, die ihre Männer beweinen, die sie verloren haben. Ich sehe tote römische Soldaten, und Ich sehe auch ihre Mütter, Frauen und Familien, die um sie weinen. Dies ist nicht das, was Gott will. Gott will, dass alle in Liebe und Frieden zusammenleben und nicht in Krieg und Hass.

Heute glauben manche, einen Sieg errungen zu haben, doch was für ein Sieg ist das, getötete Menschen und gebrochene Herzen zu sehen und sich innerlich zu freuen über die Sünde? Das ist nur ein Sieg für Satan! Nun diskutiert ihr über weiteres Kämpfen – und über das Kämpfen in der Kraft Gottes, in einem gerechten Kampf. Ich sage euch: Die Kraft Gottes ist die Liebe; die Gerechtigkeit Gottes bedeutet Vergebung – und wenn ihr euch Söhne Gottes nennt, bedeutet das, Seinem Willen zu gehorchen – und Sein Wille ist Barmherzigkeit.

Euch wurde gesagt, in jedem von euch sei der Retter Israels. Nun, das kann wahr sein, wenn ihr so lebt, wie Gott es von euch will, denn Israel wird gerettet werden, wenn ihr nach Seinem Willen in Seiner Liebe lebt. Lebt ihr nicht so, kann Israel verlorengehen. Der Wille Gottes ist die Liebe – die Liebe zu Gott, die Liebe zu euren Nächsten und die Liebe für euren Feind. Wenn ihr eure Feinde lieben und ihnen das vergeben könnt, was sie euch antun, zeigt ihr die Tiefe eurer Liebe zu Gott."

„Aber Israel ist das Heilige Land, das Gott *uns* gegeben hat! Kein Fremder sollte es beherrschen oder besitzen, nur die Juden!", rief ein junger Mann.

„Wer kann besitzen, was Gott erschaffen hat? Nur Gott. Wenn diese Generation gegangen ist, wird es das Land noch immer geben, und die nächste Generation wird um das kämpfen, was nicht ihr gehört, sondern Gott. Gott gab dieses Land dem jüdischen Volk zur Heimat, um dort friedlich in Seiner Liebe zu leben. Dies heißt aber nicht, dass das Volk Israel ein Volk der Waffen sein muss. Gott wollte, dass Israel ein Volk der Liebe sei. Das Land ist heute so sehr in Aufruhr, weil der Wille Gottes nicht angenommen wurde. Wenn Israel zu Gott zurückkehrt und Gottes Geboten folgt, dann wird der Friede kommen, und alle Menschen werden Brüder sein. Dazu sind sie erschaffen worden“, sagte Ich und sah, dass die Menge Meine Worte verinnerlicht hatte.

„Wenn ihr die Arme erhebt, um Gewalt zu üben, beleidigt ihr Gott. Denkt daran: Wer durch das Schwert lebt, kommt durch das Schwert um, und wer in der Liebe lebt, wird in die ewige Liebe hinein sterben“, fuhr Ich fort, als Barabbas ausrief: „Schöne Worte, aber wir haben die Römer heute besiegt!“ Einige aus der Menge riefen zustimmend, doch die meisten blieben still.

„Heute habt ihr vielleicht ein paar Römer getötet, aber morgen wird die Macht Roms diesen Ort treffen, und ihr seid dahin!“, sagte Ich. „Dann kommt mit uns!“, rief Barabbas. „Verlasst diesen Ort und schließt euch uns an!“ Es waren nur die Zeloten, die Barabbas nun mit ihrer Stimme unterstützten, während die Dorfbewohner erkannten, welchen Preis sie in Zukunft würden zahlen müssen.

„Wer ist für uns?“, rief Barabbas begeistert, doch niemand außer seinen Anhängern antwortete. „Dann habt ihr euer eigenes Schicksal besiegelt“, rief er angewidert und sagte zu seinen Männern: „Wir gehen!“ Barabbas schaute Mich an und sagte: „Dann sieh zu, wie Du sie retten kannst!“ Ich sah, wie Judas mit dem Gedanken spielte, sich den Zeloten anzuschließen, doch dann beschloss er zu bleiben.

„Jesus, hilf uns! Was sollen wir tun?“, riefen die Menschen. „Lasst uns gemeinsam zu Gott beten und um Seine Hilfe in eurer Zeit der Not bitten“, antwortete Ich.

Beinahe eine Stunde lang betete die Menge um die Hilfe Gottes. Nach dem Gebet ging Ich durch den Ort, heilte die Verwundeten und die gebrochenen Herzen. Als Ich fertig war, waren Leid, Zorn, Hass und Schmerz verschwunden und machten einer Gelassenheit Platz, wie sie nur in der Liebe Gottes zu finden ist.

Die Ältesten des Ortes kamen zu Mir und sagten: „Wir wissen, dass jetzt alles in Ordnung kommen wird, denn wir vertrauen auf Gott und wissen, dass Er für uns sorgen wird. Jesus, so viele von uns können jetzt nicht mehr aufhören, Gott um Vergebung zu bitten, denn plötzlich erkennen wir, wie wir Gott mit unserem Stolz und all den Sünden beleidigt haben, die wir aufgrund dieses Stolzes begangen haben.“

„Dies bewirkt die Kraft Gottes in euren Herzen, die Kraft Seiner Liebe. Denn durch sie seht ihr, wie ihr wirklich seid, und durch sie erkennt ihr, dass Gott euch vergeben wird, wenn ihr aufrichtig die Vergebung sucht“, sagte Ich und sah, wie ihre Herzen in der Gnade wuchsen.

„Was sollen wir tun, Jesus? Du hattest recht. Die Römer werden zurückkommen, und wir werden dafür zahlen müssen“, sagte einer der Ältesten.

„Vertraut auf Gott und sorgt euch nicht! Gott sieht, wie aufrichtig eure Herzen sind, und Gott wird euch nicht im

Stich lassen. Begreift, dass alles, was auch immer geschehen mag, nach Gottes Willen geschieht. Nehmt das an und findet Frieden", erklärte Ich ihnen. „Du hast recht. Wir werden es Gott überlassen. Was auch immer Sein Wille ist, wir nehmen es an, denn unser Schicksal liegt in Gottes Händen. Wir werden die Nacht im Gebet verbringen und alles annehmen, was Gott von uns verlangt."

In diesen Menschen sah Ich, wie leicht gute Menschen dazu überredet werden konnten, im Namen Gottes, des Landes und der Religion zu sündigen. Ich sah jedoch auch, dass das Gute in den Menschen durchbrach und sie zu Gott zurückbrachte, wenn sie die Wahrheit erkannten.

Wir alle gingen in die Synagoge, um im Gebet die Hilfe Gottes zu erbitten. Ich saß dort und dachte darüber nach, wie schwach die Menschen sein konnten, aber auch wie stark, wenn die Liebe Gottes sie erfüllte. Da sah Ich in einem römischen Lager nicht weit entfernt die Soldatentruppe, der wir an jenem Tag begegnet waren. Ein Zenturio verhörte sie: „Wo seid ihr angegriffen worden?" Die Soldaten sahen verwirrt aus, selbst der Offizier schaute verunsichert, als er sagte: „Ich bin mir nicht sicher, wo es geschah. Irgendwie kann ich mich nicht an den genauen Ort erinnern."

„Du bist ein römischer Soldat. Wie kannst du das vergessen?", schnauzte der Zenturio. „Ich weiß nicht, aber ich kann mich nicht erinnern", entgegnete der Offizier, und seine Männer antworteten dasselbe, als sie gefragt wurden. „Nun, um euer Gedächtnis aufzufrischen, könnt ihr die Straßen patrouillieren, bis es euch wieder einfällt!", befahl der Zenturio ungläubig und wütend. Er drehte sich um und meinte zu einem seiner Offiziere: „Dieses Land bringt dich nach einer Weile um den Verstand!" Dann zuckte er mit den Schultern und entfernte sich.

Ich wusste, dass diese Dorfbewohner in Sicherheit sein würden. Ich wusste, dass dieser Ort von Stolz und Wut geheilt worden war und in der Zukunft eine Oase des Friedens in einem unruhigen Land werden würde.

Die Vision vom Lamm 27. Dezember 1996

Als der Morgen anbrach, hallte die Synagoge immer noch wider vom Gebet. Die Beter schienen die Nacht hindurch nichts von ihrer Inbrunst eingebüßt zu haben. Ich setzte Mich, ganz versunken in ihre Worte und in die Liebe, die sie Gott im Gebet darbrachten. Ein Rabbi betete vor, als er plötzlich innehielt, aufgeregt seine Hände erhob und rief: „Ich habe eine Vision gehabt! Ich habe eine Vision gehabt!"

Als das Gebet verstummte, sagte der Rabbi: „Ich sah ein Lamm auf einem weißen Tuch. Das Lamm wurde als Opfer dargebracht, und Sein Blut durchtränkte den Stoff. Dann hörte ich die Worte: ‚Das Lamm wird den Preis für eure Sünden bezahlen.' Danach sah ich Abermillionen von Menschen, die sich um das Lamm scharten, das lebendig geworden war. Alle Menschen verneigten sich und begannen, das Lamm zu preisen, und die Stimme sagte: ‚Ihr seid geborgen in Seiner Liebe.' Abseits von denen, die sich vor dem Lamm verneigten, gab es viele Böse, die jenen zu schaden versuchten, die das Lamm anbeteten, doch sie vermochten es nicht. Das Blut des Lammes umgab die Menschen, und die Bösen hatten Angst davor. Dann hörte ich die Stimme sagen: ‚Das Lamm ist Mein Sohn, den Ich euch als Opfer sende, damit euch die Barmherzigkeit Gottes gezeigt werde.‘ Dann endete die Vision, doch ich sage euch: Ich weiß, dass diesem Ort nichts zustoßen wird, denn Gott hat uns gezeigt, dass Er uns beschützt."

„Preist Gott!“, rief jemand, dann ein zweiter und ein dritter. Bald priesen alle laut Gott. Ich wandte Mich zu Petrus und sagte: „Lasst uns gehen, wir werden hier nicht länger gebraucht.“ Wir verabschiedeten uns von allen in der Synagoge und verließen das Dorf unauffällig, bevor sonst jemand Notiz davon nahm.

Judas Iskariot kam zu Mir und sagte: „Machen wir bald eine Pause, um etwas zu essen, Herr?“ – „Heute werde Ich fasten, um Meinem Vater für Seine barmherzige Liebe zu danken“, entgegnete Ich. Judas sah sehr traurig aus, und Ich konnte seine Gedanken sehen: „O nein, das bedeutet kein Essen heute!“ Darum sagte Ich zu ihm: „Mein Freund, wenn du etwas essen möchtest, kannst du das tun, doch als ein Opfer der Liebe und des Dankes für Meinen Vater im Himmel werde Ich nichts essen.“ – „Ja, Herr“, sagte Judas mit einem Hoffnungsschimmer, bis Andreas, der neben Mir ging, meinte: „Ich werde auch fasten.“

Dann rief er allen Meinen Jüngern zu: „Der Herr fastet heute, und ich schließe mich Ihm an. Sonst noch jemand?“ Die Antwort war ein überwältigendes Ja von allen, außer Judas, der wieder einmal traurig dreinblickte, da er wusste, dass er nichts essen konnte, wenn niemand sonst es tat.

Andreas fragte Mich leise: „Herr, die Römer werden zurückkommen und diesen Ort zerstören, nicht wahr?“

„Andreas, Mein Freund, jene Menschen sind geborgen in Gottes Händen. Sie wissen dies und machen sich keine

Sorgen. Das solltest du auch tun", sagte Ich freundlich. „Herr, sie haben gewiss einen starken Glauben an Gott. Ich wünschte, ich hätte das auch", grübelte er.

„Das hast du, Mein Freund, das hast du", antwortete Ich und sah ein starkes Herz voller Liebe zu Gott.

„Das war eine seltsame Vision, die der Rabbi da hatte. Wie könnte ein Lamm sie beschützen?", fragte Andreas. „Das Lamm ist der Menschensohn, der als Opfer hingegeben wird, um die Sünden der Menschheit zu sühnen. Durch Sein Opfer der Liebe wird das Böse besiegt werden", erklärte Ich.

„Konnten die Bösen deshalb den Menschen nichts anhaben, die das Lamm anbeteten?", fragte Andreas wieder. „Ja, Andreas, wegen des Opfers der Liebe, das in Liebe und für die Liebe dargebracht wurde, kann das Böse nie gewinnen", erklärte Ich. „Ich verstehe nicht ganz, doch ich glaube, ich weiß, was Du meinst. Es ist so, dass das Böse die Liebe Gottes nicht überwinden kann. Und als das Lamm getötet wurde, war dies ein Sieg der Liebe, denn das Opfer erfolgte freiwillig in Liebe", sagte er fragend.

„Das ist richtig, Andreas. Das Böse kann niemals Gottes Liebe besiegen, und indem Er Seine Liebe als Opfer darbringt, zeigt Gott, wie sehr Er die Menschheit liebt und wie viel Gott zu geben bereit ist, um die Menschheit zu retten", entgegnete Ich und dachte an die Liebe, die Ich für die ganze Menschheit empfand.

„Ich bezweifle, dass ein Lamm das Böse besiegen kann", sagte Thomas, der sich uns angeschlossen hatte. „Gewiss brauchte es dafür einen Löwen."

„Durch die Kraft der Liebe in Seinem Herzen wird das Lamm zu einem Löwen", sagte Ich zu Thomas.

„Aber braucht es nicht einen Löwen, um dem Übel Roms kraftvoll entgegenzutreten?", hakte er nach.

„Alles, was es braucht, ist die Kraft der Liebe, denn sie ist alles", sagte Ich. „Wie wird die Liebe die römischen Legionen überwinden?", fragte Thomas zweifelnd.

„Liebe", erklärte Ich, „ist die Macht Gottes, und wenn du daran glaubst, ist alles möglich. Überzeuge dich selbst: Wie viele Kriege wurden geführt, und ganz gleich, welche Seite siegte, es gibt immer weitere Kriege. Denn Krieg bringt immer nur Hass, Wut, Gewalt und Sünde mit sich. Durch den Krieg nimmt all dies ständig weiter zu. Ist ein Krieg vorbei, sind diese Dinge also noch immer da und warten nur darauf, ein weiteres Mal an die Oberfläche zu kommen und Völker zu zerstören.

In der Liebe würden die Kriege aufhören, das Kämpfen fände ein Ende, denn jeder würde sich um den anderen kümmern und den anderen respektieren. In der Liebe nimmt nur die Liebe zu, und so käme das Ende des Bösen in Sicht. Aus diesem Grund wird das Lamm Gottes in Liebe kommen, wird sich in Liebe hingeben und opfern, denn dadurch wird die Liebe wachsen und das Böse besiegt werden."

Thomas und Andreas schwiegen, und Judas sagte: „Ich könnte jetzt gerade ein Lamm essen!" Traurig schaute Ich ihn an und sah die Rolle, die er beim Schlachten des Lammes übernehmen würde.

Fasten lernen

28. Dezember 1996

Wir waren den Großteil des Tages gewandert, als wir zu einem kleinen Fluss kamen, der nahe der Straße floss. Seine Ufer waren eingefasst von einladenden, grünen

Grasdecken, und der Klang des fließenden Wassers wirkte beruhigend. Ich wandte Mich an Petrus und Philippus, die neben Mir gingen, und sagte: „Dies ist ein friedlicher Ort zum Ausruhen. Lasst uns heute Nacht hier bleiben." Petrus meinte: „Ja, es ist wunderschön hier, dies ist ein guter Ort zum Rasten."

„Herr", sagte Philippus, „ich denke, es ist die richtige Zeit für einen Halt", und sah zu einigen Meiner Begleiter, die nach dem Tagesmarsch erschöpft wirkten. „Philippus, bitte versammle alle zum Gebet. Und dann möchte Ich zu ihnen sprechen", bat Ich. Wenige Minuten später standen wir alle am Flussufer und brachten unsere Gebete dem Vater dar.

Als die Gebete beendet waren, ergriff Ich das Wort: „Es war ein langer Marsch heute, ohne Essen, und für einige von euch war es anstrengend. Ich weiß, ihr alle möchtet mit Mir fasten, um Gott für Seine Liebe zu danken, und Ich weiß, dass die meisten von euch es können. Es gibt jedoch einige unter euch, die etwas Nahrung benötigen, da ihr Körper das Fasten nicht gewöhnt ist. Es ist in Ordnung, dass diejenigen etwas Brot essen und Wasser trinken, aber nur so viel, wie sie brauchen.

Mit der Zeit werdet ihr merken, dass die meisten von euch lange Zeit nur bei Wasser fasten können, doch für andere wird das aufgrund ihrer körperlichen Bedürfnisse nie möglich sein. Wenn du zu denen gehörst, die ein wenig Brot brauchen, dann fühle dich nicht schuldig, denn du fastest so viel, wie dein Körper zulässt. Und wenn du zu denen gehörst, die fasten können, dann schaue nicht auf die herab, die es nicht können.

Wenn du nicht fasten kannst, dann bringe auf eine andere Art dein Opfer für Gott, und wenn du fasten kannst, dann breche es nicht in deiner Schwachheit, denn es wäre besser gewesen, wenn du das Versprechen gar nicht gegeben hättest. Denke daran: Gott bittet nur um das, was du geben kannst. Gott versteht deine Bedürfnisse, und in Seiner Liebe nimmt Er alles an, was du darbringst. Und denke daran, dass das, was dir als ein kleines Opfer erscheint, in Gottes Augen groß sein kann."

Nachdem Ich geendet hatte, fragte Zacharias: „Herr, ich hätte nicht gedacht, dass ich dieses Fasten durchhalte, da ich noch nie zuvor gefastet habe, und ich habe einen Bärenhunger. Ist dies eine Rechtfertigung dafür, etwas zu essen, oder sollte ich weiter fasten?" – „Wenn dies das erste Mal ist, dass du gefastet hast, dann ist dein Körper nicht daran gewöhnt und verlangt nach Nahrung. Iss dieses Mal nur ein wenig Brot, nächstes Mal dann noch etwas weniger, bis dein Körper das Fasten verträgt", antwortete Ich.

„Herr", rief Justus, „vielleicht können wir, die wir das Fasten gewohnt sind, den anderen helfen zu lernen, wie man fastet?" – „Das wäre willkommen, da bin Ich sicher", sagte Ich. Dann rief Ich Petrus zu Mir und fragte: „Möchtest du eine Weile mit Mir spazieren gehen?" – „Natürlich, Herr", erwiderte er. Wir verließen die anderen, die das Lager für die Nacht herrichteten, und begannen am Fluss entlang zu gehen. Im Wasser wimmelte es vor Fischen, die munter hin und her schwammen.

„Petrus", sagte Ich, "Ich möchte mit dir über eine Zeit sprechen, in der viel von Mir verlangt werden wird – über eine Zeit, in der Ich Mich dem Vater als ein Opfer der Liebe darbringen werde – über eine Zeit, die auch für dich eine schwere Zeit sein wird. Du wirst viele Zweifel, viele Ängste haben und dir viele Sorgen machen. Wenn du diese Zeit durchmachst, solltest du wissen, dass dies ein Kampf ist, in dem Satan versucht, dich von dem Wirken abzuhalten, das vor dir liegt."

„Er wird mich nie aufhalten", unterbrach Petrus. „Ich weiß das, Mein Freund, aber du wirst es eine Zeitlang nicht wissen", sagte Ich sanft. „Herr, wenn Du ein Opfer sein sollst, dann werde ich an Deiner Seite sein", sagte Petrus aufrichtig.

„Petrus, es wird einen Moment geben, da du nicht bei Mir sein wirst, doch du sollst wissen, dass es so sein soll. Später jedoch, wenn du der Welt den Glauben in deinem Herzen zeigst und ein Leitstern der Liebe für die wirst, die Mich suchen, werde Ich an deiner Seite sein", sagte Ich und sah wieder den Tag, an dem Mein Freund sein Leben für Mich geben würde, und wie seine Demut nicht zuließ, dass er so starb wie Ich, da er dachte, dass er dessen nicht würdig sei. Ich begann leise zu weinen, und Petrus legte seinen Arm um Meine Schultern und sagte: „Was hast Du, Herr? Kann ich Dir helfen?"

„Petrus, du wirst in Zukunft so vielen helfen, wenn du fest in Meiner Liebe stehst und die Wahrheit verkündigst", sagte Ich, und Petrus antwortete sanft: „Ja, Herr."

„Denke immer daran, dass Ich bei dir bin und dass Ich dich als Meinen Felsen auserwählt habe. Ganz gleich, was geschieht, wie unwürdig du dich fühlst oder wie sehr du dich schämst: Denke daran, dass Ich dich liebe und dich so erwählt habe, wie du bist. Denke daran und baue Meine Kirche auf in dem Wissen, dass *Ich* alle erwähle und dass Ich allen vergebe", sagte Ich, und Tränen liefen über Meine Wangen, da Ich noch immer Petrus' Opfer vor Mir sehen konnte.

Während wir am Fluss saßen, hörten wir im nahen Gebüsch ein Geräusch. Petrus flüsterte: „Ich werde gehen und nachsehen, Herr." – „Keine Sorge, Petrus, es ist nicht wichtig. Lass uns einfach hier sitzen und diesen wunderschönen Ort und unser Zusammensein genießen", entgegnete Ich und sah, dass Judas sich in den Büschen versteckte und etwas Brot und Fleisch aß, das er hatte nehmen können, ohne dass es aufgefallen war.

„Herr", sagte Petrus, „diese Momente, in denen wir beide allein sind, sind mir wertvoll und kostbar. Ich wünschte, jeder könnte an der Freude teilhaben, die ich empfinde, wenn ich bei Dir bin."

Ich sah ihn lächelnd an und sagte: „Sie können es, Petrus, wenn sie Mir nur ihr Herz öffnen würden, so wie du." Petrus warf einen Kieselstein in den Fluss und meinte: „Ja, Herr", verstand jedoch nicht, dass Ich bei jedem Menschen bin und nur darauf warte, Zeit mit ihm allein zu verbringen, wenn er das will.

Wir machten uns auf den Rückweg ins Lager, wo ein paar kleine Feuer brannten, um die Meine Jünger in Gruppen saßen und sich unterhielten. Alle wandten sich uns zu, als wir auf die Gruppe zugingen, die den Worten von Simon lauschte. Als wir näher kamen, hielt Simon inne und schaute Mich an.

„Mein Freund, sprich nur weiter", schlug Ich liebevoll vor. „Herr, ich glaube, dass sie lieber das hören würden, was Du zu sagen hast, als das, was ich sage", antwortete Simon in Demut. „Simon, bitte erzähle deine Geschichte zu Ende. Ich sitze gern da und höre zu, wenn Meine Freunde sprechen", sagte Ich, legte Meine Hand auf seine Schulter und setzte Mich neben ihn. Jetzt warteten alle darauf,

Simons Geschichte zu hören, doch er war nervös, da der Kreis seiner Zuhörer beträchtlich angewachsen war.

„Keine Bange, Mein Freund. Sprich, als ob nur du und Ich hier wären“, ermutigte Ich ihn. Simon erklärte: „Ich sprach gerade von der Zeit, als wir Deine Mutter zu Hause besuchten und wie sie bereit war, uns ihr Essen zu überlassen, ohne einen Gedanken an sich selbst, und von der Freude in ihren Augen, als sie dies tat. Dann erzählte ich, wie wir ihr als Überraschung einen großen Beutel voller Lebensmittel brachten, und was für ein Fest wir dann feierten.

Ich war gerade dabei zu erzählen, was mir Deine Mutter sagte: ‚Ich betrachte euch alle als meine Kinder, und ich liebe euch, wie eure Mutter euch lieben würde. Wann immer du dich ein wenig einsam fühlst, denke daran, dass ich für dich bete und an dich denke, und dass ich das immer tun werde, denn ich liebe dich.‘ Herr, wenn ich mich jetzt ein bisschen traurig fühle, etwas einsam, verletzt oder verlassen, dann denke ich an Deine Mutter, die für mich betet. Zu wissen, dass sie mich liebt, lindert meinen Schmerz. Und zusätzlich fühle ich mich Dir so viel näher. Es ist, wie wenn Deine Mutter mein Herz in Deines legen würde. Ich denke oft an Deine Mutter Maria, Herr, und irgendwie habe ich das Gefühl, dass sie auch meine Mutter ist.“

Es war still, und alle nahmen in sich auf, was Simon gerade erzählt hatte, bis einer Meiner Jünger sagte: „Ich bin Deiner Mutter nie begegnet, Herr, doch wie es sich anhört, muss sie wundervoll sein.“ – „Das ist sie“, rief Judas, der von seiner Mahlzeit zurückgekehrt war, und alle, die Mutter getroffen hatten, nickten zustimmend.

Ich nahm Simon sanft in den Arm und sagte: „Ich nenne dich Bruder, und so wird Meine Mutter deine Mutter, wie sie die Mutter aller ist, die in Mir Brüder und Schwestern sind." – „Lasst uns einen Psalm für Maria, die Mutter Jesu, singen!", rief Jakobus begeistert. Viele Stunden später beendeten wir den Psalmengesang, und von Freude erfüllt legte Ich Mich zur Ruhe und träumte von Meiner Mutter.

Als Ich am nächsten Morgen erwachte, sah Ich Jakobus tief ins Gebet versunken, und so ging Ich, kniete Mich neben ihn und stimmte in seinen Lobpreis mit ein. Jakobus dankte Gott von Herzen für sein Leben, für alles, was geschehen war, Gutes und weniger Gutes, denn er akzeptierte, dass alles in Gottes Willen war und dass es für alles einen Grund gab. Jakobus war so in sein Gebet vertieft, dass er nicht einmal bemerkte, dass Ich Mich neben ihm befand. Sein Herz war vom Lobpreis Gottes erfüllt, und er nahm nichts anderes wahr. Auf einmal steigerte sich die Intensität seines Gebetes, er wurde von Freude erfüllt, die von seinem Gesicht abzulesen war. Ich schaute in sein Herz und teilte diese Freude mit ihm, dann legte Ich Meine Freude tief in ihn hinein. Vereint im Gebet und in der Liebe verharrten wir noch einen Moment, wie es schien, doch tatsächlich waren es drei Stunden.

Als Ich Meine Augen öffnete, sah Ich, dass alle Meine Jünger gekommen waren und sich unserem Gebet angeschlossen hatten. Jakobus öffnete die Augen und sagte: „Das war wunderbar! Ich war so glücklich, so aufgeregt, und doch so im Frieden."

Ich blickte zu Petrus, der Jakobus in brüderlicher Liebe zulächelte. Dann sagte Petrus zu ihm: „Du hast beim Beten wirklich glücklich ausgesehen. Es hat mich inspiriert."

„Bruder, ich erwachte heute morgen und sah den Herrn schlafen. Als ich Ihn so friedlich schlafen sah, hatte ich das Verlangen zu beten, und es war unglaublich! Als ich zu beten begann, empfand ich diese tiefe Freude, und ich sah ein strahlendes, goldenes Licht vor mir, aus dem eine weiße Taube flog. Je näher mir die Taube kam, desto intensiver betete ich, pries und dankte Gott. Ich wusste nicht, was ich sagen sollte, außer: ‚Danke, danke für mein Leben und für alles, was darin geschehen ist.'

Dann flog die Taube direkt in mein Herz, und es brannte wie Feuer. Als ich zu der Taube schaute, wurde sie zu Jesus und schließlich zu einem alten Mann. Dann war die Taube verschwunden, ebenso der alte Mann, doch der Herr blieb, und es war, als ob Er in meinem Herzen war und mit mir betete. Ich wollte, dass es nie aufhörte. Ich wünschte, das Gebet wäre immer so!"

„Bruder, du hast beim Beten etwas erlebt, das viele ersehnen", sagte Petrus mit aufrichtiger Freude über das, was Jakobus gesehen und empfunden hatte, doch auch mit einem kleinen Anflug von Neid, weil er es nicht auch erlebt hatte.

„Meine Freunde", sagte Ich laut zu all Meinen Jüngern, „was Jakobus im Gebet erlebt hat, steht allen offen, wenn ihr eure Herzen im Gebet in Liebe Gott öffnet. Dies ist ein Geschenk Gottes an jene, die Ihn lieben und in Liebe zu Ihm kommen. Ich weiß, nicht alle von euch hatten dieses Erlebnis, und wer es hatte, erlebt es nicht jedes Mal beim Gebet. Manchmal, da bin Ich Mir sicher, seid ihr sogar enttäuscht, wenn es nicht geschieht, oder neidisch, wenn jemand anders es erlebt und ihr nicht.

Ihr müsst verstehen, dass dies allen offen steht, es liegt jedoch an jedem Einzelnen, danach zu suchen. Und das ist nur möglich durch das Gebet mit dem Herzen, das akzeptiert, dass alles in eurem Leben Gottes Wille ist, nicht euer eigener.

Wenn ihr Gott Forderungen stellt oder fragt, wie Gott schlechte Dinge in eurem Leben geschehen lassen kann, oder wenn ihr Gott sogar die Schuld daran gebt oder zornig auf Ihn seid, errichtet ihr dadurch eine Wand des Stolzes und der Selbstsucht, die Gottes Liebe daran hindert, euch zu erfüllen.

Manchmal erwarten Menschen, die dasselbe erlebten wie Jakobus vorhin, dass es beim Beten jedes Mal geschieht, und wenn nicht, sind sie enttäuscht. Was sie jedoch nicht erkennen ist, dass sie jetzt um dieses Erlebnisses willen beten, das heißt sie beten wegen sich und nicht, weil sie Gott lieben.

Manchmal werden Menschen neidisch auf andere, deren Gebete so von Freude erfüllt zu sein scheinen. Dadurch stellt man wiederum das eigene Ich in den Vordergrund statt die Liebe zu Gott. In der Liebe zu Gott würdet ihr euch darüber freuen, dass andere so beten können, und Gott für diese Gnade danken. Dann würdet ihr merken, dass ihr dadurch Gottes Willen annehmt und euer Herz der Liebe Gottes öffnet, so dass auch ihr erfüllt werden könnt. Begreift, dass die Freude im Gebet euch offen steht, wenn ihr keine Forderungen stellt, keine Eifersucht hegt, keinen Neid, keinen Hass – nur Liebe und ein offenes Herz für den Willen Gottes. Jakobus hat heute die Liebe Gottes in seinem Herzen gespürt. Beten wir darum, dass er sein Herz niemals in Stolz und Selbstsucht verschließt und sich so diese Gnade versagt."

Wir alle beteten darum, dass nicht nur Jakobus, sondern auch alle anderen ihre Herzen Gott öffnen und offen halten würden. Ich dachte daran, wie so viele vergaßen, dass sie, sobald die Tür geöffnet worden war, jeden Tag durch sie eintreten mussten, wie wenn sie es noch nie zuvor getan hätten. Ich dachte daran, wie viele, sobald die Tür geöffnet worden war, erwarteten, dass ihnen alles zuflöge, ohne einen Gedanken daran, dass die Tür zu ihren Herzen so viel einfacher verschlossen werden kann, als sie geöffnet wurde – verschlossen in Stolz und in Selbstsucht, geöffnet in Demut und Liebe.

Fremde willkommen heißen 29. Dezember 1996

„Herr, bleiben wir heute hier?", fragte Johannes, der in dieser friedlichen Umgebung glücklich zu sein schien. „Nein, Johannes, wir müssen uns auf den Weg machen, denn es gibt viel zu tun", antwortete Ich. „Ja, Herr", sagte Johannes, ohne daran zu zweifeln, dass Ich wusste, was zu tun sei. Ich wünschte, viele andere hätten diesen Gehorsam, den Johannes zeigte, denn sein Gehorsam kam aus seiner Liebe zu Mir, nicht aus Angst vor Mir.

„Essen wir zuerst, bevor wir aufbrechen, denn Ich weiß, dass viele von euch, so wie Ich, Hunger haben nach dem Fasten", schlug Ich vor. Innerhalb kurzer Zeit hatten wir alle uns hingesetzt und genossen unser Frühstück. Judas Iskariot erzählte denen, die bei ihm saßen: „Es tut gut, nach dem Fasten etwas zu essen. Das Essen schmeckt dann umso besser." Wie leicht betrügt er sich selbst, nicht nur seine Umgebung, dachte Ich betrübt.

Bald war das Mahl beendet, und wir waren bereit aufzubrechen, als Jakobus zu Mir kam und sagte: „Herr, ich werde diesen Ort und die Erfahrung, wie mich meine

Gebete erfüllten, niemals vergessen." – „Jakobus, vergiss nicht, dass Gott es war, der dich erfüllte. Es kommt nicht darauf an, wo du dich befindest. Wenn du von Herzen betest, wird Gott deine Gebete beantworten und dich mit allem erfüllen, was du in diesem Leben brauchst", erklärte Ich.

Einige Stunden später kamen wir in ein kleines Dorf, in dem etwa vierzig Familien lebten. Die meisten der Leute kamen, um uns bei unserer Ankunft zu begrüßen. Einer der Ältesten trat vor: „Willkommen", sagte er, „ihr seid hier willkommen." – „Ich danke dir, Mein Freund. Es ist uns eine Freude, hier zu sein", antwortete Ich.

Nachdem wir uns einander vorgestellt hatten, fragte Petrus einen der Männer: „Gibt es hier eine Synagoge?" – „Nein, wir müssen in die nächste Stadt gehen. Man braucht etwa zwei Stunden bis dorthin", antwortete der Mann. „Wohin geht ihr, um Gott zu preisen und zu beten?", fragte Andreas, der sich in die Unterhaltung einschaltete. „Oh, in eines unserer Häuser oder auf den zentralen Dorfplatz", antwortete der Mann. Der Älteste, der uns begrüßt hatte, sagte laut: „Wenn ihr beten wollt, geht zur Dorfmitte, wir schließen uns euch an. Wir haben nicht oft die Gelegenheit, mit Fremden zu beten."

Die Leute führten uns zur Dorfmitte. Auf dem Weg dorthin hielten ein kleiner Junge und ein kleines Mädchen Meine Hände und schlenkerten im Takt. Als wir uns zum Gebet versammelten, war das ganze Dorf bei uns, und so stellte Ich Mich auf eine kleine Mauer und sprach zu allen: „Wenn wir uns jetzt im Gebet zu Gott vereinen, öffnet eure Herzen und sagt Gott, dass ihr Ihn liebt. Spürt dann die Wärme der Liebe Gottes. Macht eure Gebete zu einer frohen Feier, bei der wir uns alle vereinen, um in Liebe vor Gott eins zu werden."

Ich stieg herab und begann zu beten. Jede Stimme im Dorf erhob sich in freudigem Lobpreis und Dank zu Gott. Bald war die Luft von Liebe erfüllt, die man fast greifen konnte. Als die Gebete beendet waren, kam der Älteste zu Mir und sagte: „Wir werden jetzt etwas zu essen und zu trinken bringen und es mit euch teilen zum Dank dafür, dass Gott so heilige Männer zu uns brachte. Wir haben nicht oft die Gelegenheit, mit Fremden zu beten."

„Wir sind nicht länger Fremde, sondern Freunde", entgegnete Ich. „Herr, wirst Du zu uns sprechen?", rief einer Meiner Jünger laut. „Bist Du ein Rabbi?", fragte der Älteste überrascht. *„Ich Bin"*, entgegnete Ich. „Vergib uns, dass wir Dich nicht entsprechend begrüßt haben", sagte der Älteste ein wenig verlegen.

„Ich hätte nicht herzlicher begrüßt werden können! Ihr habt Mir eure Herzen geöffnet, und das ist alles, worum Ich jeden bitte", sagte Ich und lächelte ihm sanft zu.

Ich stieg auf die Mauer und begann: „In diesem Ort wurden wir willkommen geheißen, obwohl wir Fremde waren. Dies ist ein Beispiel dafür, was Gott von allen Menschen wünscht. Gott bittet darum, dass alle einander wie Freunde, wie eine Familie und liebevoll behandeln, wie diese guten Leute es heute tun. Wer sein Herz allen, denen er begegnet, öffnen und sie so behandeln kann, wird zu einem Zeichen der Liebe Gottes in dieser Welt.

Das bedeutet, nicht nur eure Nachbarn, eure Freunde, eure Familie freundlich aufzunehmen, sondern auch eure Feinde, und sie mit der gleichen Liebe zu behandeln wie diejenigen, die euch lieb sind. Wer seine Feinde willkommen heißt und ihnen Liebe und Achtung entgegenbringt, macht sie zu Freunden. Einigen mag dies zuweilen schwerfallen, doch begreift, dass Gott euren Feind in derselben Liebe erschaffen hat wie euch, und für Gott sind alle gleich. Denkt daran, wenn es euch schwerfällt, und denkt daran, dass Gott euch immer mehr mit Seiner Liebe belohnen wird, wenn ihr sie teilt."

Einen Augenblick lang war es still, bis Zacharias laut rief: „Es ist wahr! Ich habe die Römer gehasst, bis der Herr mir half. Dann schloss ich mit einem von ihnen Freundschaft. Jetzt hasse ich niemanden mehr. Ich liebe sie und bin glücklich. Nie zuvor habe ich mich so gefühlt!"

„Mit Hass im Herzen kann das Leben ein Jammer sein – mit Liebe eine Freude", sagte Ich und nickte leicht. Der Älteste sprach: „Herr, was Du sagst, ist wahr. Wir, das Dorf, beschlossen, alle Fremden willkommen zu heißen, ganz gleich, wer oder was sie sind. Seit jenem Tag herrscht hier Frieden. Selbst die Römer belästigen uns nicht."

„Das Essen ist da!", rief Judas aufgeregt. Ich sah ihn an und wusste, dass er dem eben Gesagten nicht zugehört hatte. Er war, wie gewöhnlich, nur an seinen unmittelbaren Bedürfnissen interessiert. Der Älteste sagte: „Lasst uns essen und trinken, anschließend werden wir für euch einen Platz zum Schlafen finden, wenn ihr bleiben wollt." – „Sehr gern", erwiderte Ich und dachte daran, dass Ich überall bleiben würde, wo man Mich einlud ... wenn die Menschen Mich nur darum baten.

Nach dem Mahl wurde Ich eingeladen, mit Petrus und Simon im Haus des Ältesten zu übernachten. In seinem Haus gab es gerade genug Schlafplätze für uns, da er noch einen Sohn, die Frau seines Sohnes und drei Kinder bei sich wohnen hatte. Seine Frau war vor zwei Jahren gestorben, nun teilte er sein Haus mit seinem Sohn und dessen Familie. Alle drei Kinder waren Mädchen im Alter zwischen vier und elf Jahren. Es war deutlich zu sehen, dass sie Schwestern waren, denn jede von ihnen besaß die Schönheit ihrer Mutter. Der Älteste hieß Elias. Auch sein Sohn hieß Elias und dessen Frau Rut. Die Töchter waren Rebekka, Sharel, und die Jüngste hieß wie ihre Mutter Rut.

Bevor wir uns zurückzogen, saßen wir zusammen und sprachen über das Leben im Dorf. Der Sohn erklärte, nie von hier wegziehen zu können, da das Leben im Dorf so friedlich und schön sei. Er konnte nicht verstehen, weshalb seine beiden Brüder nach dem Tod ihrer Mutter weggezogen waren.

Der Älteste sagte zu seinem Sohn: „Deine Brüder zogen weg, da der Verlust ihrer Mutter sie schmerzte. Keiner von ihnen wollte auf Schritt und Tritt, wo er hinschaute, an sie erinnert werden. Vergiss nicht, wie sie an ihr hingen, auf jedes ihrer Worte warteten. Ihr ganzes Leben drehte sich um ihre Mutter, und das war, wie ich ihnen oft gesagt habe, falsch. Ich hatte doch recht? Du siehst, sie wurden mit ihrem Tod nicht so gut fertig wie du."

„Vielleicht habe ich Mutter nicht genug geliebt?", fragte der Sohn. „Mein Junge, du hast sie geliebt! Deine Mutter wusste, dass du sie liebst, und sie liebte dich genauso wie deine Zwillingsbrüder. Bei ihnen war es jedoch so, als ob sie nie erwachsen werden, sondern immer kleine Kinder bleiben wollten, umsorgt von ihrer Mutter. Nun ist sie plötzlich nicht mehr für sie da, und es fällt ihnen schwer, das zu akzeptieren, deshalb sind sie weggelaufen. Ich hoffe, dass sie eines Tages zur Besinnung kommen und heimkehren. Du jedoch, du bist ein guter Sohn, du bleibst hier, um für deinen alten Vater zu sorgen", sagte der Älteste liebevoll zu seinem Sohn.

Die zwei jüngeren Enkeltöchter saßen auf den Knien des Ältesten. Er umfasste beide mit seinen Armen und meinte: „Und du hast eine wunderbare Familie, die mich so glücklich macht. Komm her, Rebekka", sagte er und machte auf seinem Schoß Platz für sie. Dann sagte er zu ihr: „Und dich liebe ich auch." Er küsste alle drei Mädchen und seufzte: „Ich wünschte, eure Großmutter wäre hier!"

Der junge Elias schaute Mich an und sagte: „Alle Familien haben ihre Probleme, nicht wahr?"

„Ja, Mein Freund, so ist es. Es ist normal, dass es Probleme gibt, doch es ist wichtig, sie nicht in Hass oder Abneigung ausarten zu lassen. Liebe deine Familie immer, selbst wenn sie nicht das tut, was du gutheißt. Wenn sie sich irren, sage es ihnen, doch sage es in Liebe. Wenn du dich geirrt hast, gib es zu und bitte um Vergebung. Bewahre die Liebe in deiner Familie und du wirst sie wachsen sehen, auf dass deine Familie dir und Gott zur Freude werde", antwortete Ich.

„Aber das Verhalten der Brüder meines Mannes war doch falsch, nicht wahr?", fragte Rut, die Frau.

„Offensichtlich liebten sie ihre Mutter, daran ist nichts auszusetzen. Ihr Fehler lag darin, dass sie ihre Mutter zu ihrem Lebensinhalt machten. Ich weiß, es verletzte ihren

Vater, der sich ab und zu weniger geliebt fühlte. Und Ich weiß, dass es deinem Mann wehtat, dass sie seine Mutter ständig in Beschlag nahmen, so dass er nicht so viel mit ihr zusammensein konnte, wie er wollte. So ist es, wenn Menschen jemanden oder etwas für sich beanspruchen. Oft werden andere durch diesen Egoismus verletzt", antwortete Ich.

„Aber es sind gute Jungen, nur etwas durcheinander. Ich glaube, es war mein Fehler. Ich hätte strenger mit ihnen sein sollen", meinte der Älteste.

„Ja, sie sind gute Jungen, und sie werden zurückkommen. Dann werden sie gelernt haben, dass sich das Leben nicht nur um eine Person dreht und dass das Leben so kurz ist. Ihr werdet überrascht sein zu sehen, dass sie durch den Tod ihrer Mutter Weisheit gewonnen haben – Weisheit, die ihnen zeigt, dass sich das Leben nur um Gott drehen sollte und um nichts anderes. Manchmal bedarf es eines Schocks, um die Menschen aus dem isolierten Leben zu reißen, das sie führen. Und für deine Zwillinge war dies der Tod ihrer Mutter."

„Was für eine Überraschung wird das sein?", fragte der jüngere Elias. „Eine, die euch sehr glücklich macht", sagte Ich und sah die beiden Brüder im Tempel zu Jerusalem, wo sie studierten, um Priester zu werden, „und es wird eine sein, die vielen Menschen helfen wird."

Die drei Mädchen waren fast eingeschlafen, daher sagte ihre Mutter Rut zu ihnen: „Ab ins Bett jetzt, doch sagt zuerst unseren Gästen gute Nacht!" Die Mädchen schauten Mich mit schläfrigen Augen an und sagten im Chor: „Gute Nacht!" Ich lächelte zurück und entgegnete: „Gute Nacht!" Dann kam die Jüngste mit ausgestreckten Armen zu Mir und gab Mir einen Kuss, was die anderen beiden dazu inspirierte, dasselbe zu tun.

„Sprecht ein kleines Gebet, bevor ihr einschlaft, und bittet eure Engel, euch zu beschützen“, sagte Ich liebevoll. „Das werden wir“, versprachen sie und verließen den Raum. „Sie tut das sonst nie“, sagte Rut. „Was?“, fragte Petrus. „Fremden einen Kuss geben“, erwiderte Rut. „Wir sind keine Fremden, wir sind Freunde“, sagte Ich und lächelte der Familie zu. „Ja, das sind wir“, sagte der alte Mann, „ja, das sind wir!“

Wir saßen eine weitere Stunde dort, sprachen über Familien und darüber, wie sie die Fundamente für das Leben legten – Fundamente, die, in Liebe gebaut, durch alle Widerwärtigkeiten hindurch bestehen oder aber leicht einstürzen, wenn sie ohne Liebe errichtet worden sind. Bevor wir schlafen gingen, bat Ich alle, die bei Mir waren, in ein Gebet zu Meinem Vater im Himmel einzustimmen: Es war ein Gebet für alle Familien, dass sie in der Liebe wachsen mögen – in der Liebe zu Gott und zueinander.

Als Ich Mich zum Schlafen niederlegte, war Ich traurig, denn Ich wusste, dass es in vielen Familien wenig oder keine Liebe geben würde, und Ich kannte den Preis, den sie dafür würden zahlen müssen: zerbrochene Familien, gebrochene Herzen, kinderlose Familien, Familien voller Selbstsucht, voller Stolz; Familien, die ihr eigen Fleisch und Blut töteten, ihre eigenen Kinder; Familien, in denen die Alten ignoriert und abgelehnt werden würden; Familien, die wünschten, dass ihre Kinder nie geboren worden wären, wenn diese krank oder anders als andere sind; Familien, die nur an ihr Vergnügen, ihr Wohlergehen dachten, während andere verhungerten; Familien, die vergaßen, dass es Gott war, der sie erschaffen hatte; Familien, die sogar Gott vergaßen. Familien, die überhaupt keine Familien sind, sondern für manche nur Sicherheit und Bequemlichkeit bedeuteten; Familien, die diesen Namen nicht verdienten.

Dann sah Ich die Familien, die Gott und einander treu waren, und Ich wusste, dass diese Familien nie sterben würden. Ich sank in den Schlaf, während Ich an Meine Mutter Maria und den lieben Josef, Meinen Beschützer, dachte, die beide ein Beispiel für die Welt waren, wie eine Familie sein sollte – Liebe, nur Liebe.

Am nächsten Tag wachte Ich auf und fand das jüngste Mädchen, Rut, schlafend neben Mir liegen. Sie hatte ihren Kopf an Meine Schulter gelegt, und Ich konnte ihr Herz spüren, das nahe bei Meinem schlug. Ich bewegte Mich nicht, denn Ich wollte so bleiben und Mich an diesem Moment erfreuen – eine echte Freude für Mich.

Einige Zeit später erwachte das Haus zum Leben. Ruts Schwestern kamen zu Mir, die eine setzte sich auf Mich, während die andere Meine Hand ergriff und bat: „Erzähle uns eine Geschichte, erzähle uns eine Geschichte!" Die kleine Rut war wach geworden, hatte sich aber nicht gerührt. Sie lag nur da, lächelte und sah Mich an. Sharel, die auf Meinem Bauch saß, sagte: „Ja bitte, erzähle uns eine Geschichte!" Dann beugte sie sich vor, legte ihre Arme um Meinen Hals und sagte: „Ich hab Dich lieb." – „Ich auch!", rief Rut aufgebracht. „Wir lieben Dich alle", sagte Rebekka zustimmend. Ich lag da, umgeben von reiner, unschuldiger Liebe. Wie wundervoll das war!

Petrus, der erwacht war, sagte väterlich: „Ihr solltet den Herrn besser aufsitzen lassen, sonst wird Er nicht in der Lage sein, euch etwas zu erzählen!“ Simon hob das Mädchen, das Mich umarmt hatte, hoch und setzte es auf seine Knie. Petrus tat dasselbe mit der kleinen Rut, die Mich noch immer anstarrte. „Hier“, sagte Ich zu Rebekka, „du sitzt bei Mir“, und machte ihr Platz auf Meinen Knien.

„Es gab drei Engel im Himmel“, begann Ich, „die darauf warteten, dass Gott ihnen die Seelen zuteilte, die sie auf Erden behüten sollten. Sie warteten darauf, dass Gott entschied, welche Seelen sie behüten sollten. Die Engel wurden nie ungeduldig, denn sie wussten, dass Gott alles geplant hatte und alles in die Wege leiten würde.

Eines Tages wurde der erste Engel von Gott gerufen, und ein wunderschönes kleines Mädchen, ein Baby, wurde ihm anvertraut. Der Engel war sehr glücklich darüber, Gottes Willen tun zu können, und er war glücklich mit dem liebreizenden Mädchen, dem er zur Seite stand. Der Engel erzählte den beiden anderen, wie glücklich er war, und holte sie, damit sie das kleine Mädchen sahen. Alle drei fanden es wunderschön, und dann warteten die beiden anderen, bis Gott sie rufen würde.

Eines Tages rief Gott den zweiten Engel und gab diesem Engel auch ein wunderschönes Baby, ein Mädchen, das er behüten sollte. Dieses Baby war die Schwester des ersten Mädchens. Als der zweite Engel zu der Seele ging, die seiner Obhut anvertraut worden war, fand er dort den ersten Engel mit der Schwester. Beide Engel holten den dritten Engel und zeigten ihm ihre Schützlinge. Alle drei waren sich einig, dass beide Kinder wunderschön seien. Dann ging der dritte Engel und wartete, bis Gott ihn rufen würde.

Eines Tages rief Gott den dritten Engel, um ein wunderschönes kleines Mädchen zu behüten und zu beschützen. Als der Engel zu dem Mädchen kam, stellte er fest, dass es die Schwester der zwei vorherigen Babys war und traf die beiden anderen Engel auch bei dieser Familie an. Gemeinsam behüteten die drei Engel die Mädchen und sahen die Schönheit in ihnen. Jeder Augenblick war den Engeln eine Freude, da sie Gottes Geschöpfe der Liebe behüteten.

Tagsüber befanden sich die Engel an der Seite der Mädchen. Nachts, wenn die Mädchen schliefen, standen sie fürsorglich über ihnen und beschützten sie. Die Engel erfreuten sich an jedem Moment im Leben der Mädchen, sie freuten sich, einfach da zu sein und Gottes Willen zu tun. Wenn die Mädchen beteten, vereinten sich die Engel mit ihnen im Lobpreis Gottes und trugen ihre Bitten vor Gott hin. Wenn die Mädchen beteten, beobachteten die Engel, wie die Mädchen in der Liebe Gottes gestärkt wurden. Wenn die Mädchen beteten, machte das die Engel sehr glücklich. Die Engel erwarteten nie und baten nie darum, dass die Mädchen ein Gebet für sie sprachen. Es war ihnen genug, bei den Mädchen zu sein und sie zu behüten. Die Engel erbaten nichts anderes.

Da wurden die Mädchen eines Nachts von einem Fremden gebeten, ein Gebet zu ihren Engeln zu sprechen. Als sie dies taten, wurden die Engel von Gott mit Liebe und Freude erfüllt. Sie wurden für ihre Arbeit belohnt, und Gott beantwortete die Gebete der drei Mädchen auf eine Weise, die sie weder kannten noch verstanden. Nun sprechen die Mädchen jeden Tag ein kleines Gebet zu ihren Engeln, und jeden Tag werden die Engel von Gott belohnt."

„Wir haben letzte Nacht zu unseren Engeln gebetet", sagte Rebekka, und ihre Schwestern nickten zustimmend. „Versucht jeden Tag ein Gebet zu ihnen zu sprechen, denn sie lieben euch und sorgen für euch", sagte Ich.

Die kleine Rut sagte mit einem Finger im Mund: „Ich habe meinen Engel gesehen. Er war groß und schön."

„Nun, so denke immer daran, dass er für dich da ist, und dass Gott ihn zu dir geschickt hat, weil Gott dich liebt." Die drei Mädchen nickten und sagten ganz ernsthaft: „Das werden wir, versprochen!"

Ihre Mutter kam und sagte: „Kommt jetzt, Mädchen, geht euch waschen! Ich hoffe, sie haben Dich nicht gestört." – „Nein, Ich habe ihre Gesellschaft genossen", sagte Ich und lächelte glücklich, als Ich die drei Engel neben den Mädchen sah, als sie zum Waschen hinausgingen.

Petrus sagte zu Mir: „Herr, wir hören nicht viel über die Engel. Es war schön, dass Du von ihnen gesprochen hast." – „Ja, Petrus, die meisten Menschen vergessen ihre Engel, doch die meisten vergessen ebenfalls viele andere Geschenke, die Gott ihnen macht. Die Engel sollten nicht vergessen werden, da sie so viel für die Menschen tun. Und sie tun es aus Liebe, ohne einen Lohn zu erwarten."

Wir erhoben uns und gingen, um uns vor dem Frühstück zu waschen. Da sagte Rut, die Mutter: „Ja, ich habe meinen Engel vergessen. Ich werde nun jeden Tag ein Gebet zu ihm sprechen." – „Das wird ihn froh machen", sagte Ich und sah ihren Engel vor Mir knien und lächeln.

Während des Frühstücks herrschte eine frohe Atmosphäre, da wir unsere Liebe miteinander teilten. Elias, der Vater, fragte: „Was wirst Du heute tun? Bleibst Du noch oder gehst Du weg?“ – „Mein Freund, Ich denke, es ist an der Zeit aufzubrechen. Ich habe die Zeit hier an diesem so friedlichen Ort genossen, doch Ich werde anderswo benötigt, und es gibt viel zu tun“, antwortete Ich.

„Ich werde Dich vermissen“, sagte der alte Mann. „Ich bin so glücklich in Deiner Nähe.“ – „Wir werden Dich auch vermissen!“, riefen die Mädchen. „Ja, wir alle werden das“, sagte Rut, die Mutter, und ihr Mann nickte zustimmend. Ich sah sie an und erwiderte: „Ich bin traurig, gehen zu müssen, doch es muss sein.“

Petrus sagte: „Simon und ich werden dafür sorgen, dass alle reisefertig sind. Wenn Du möchtest, Herr, kannst Du eine Weile hier bleiben und Dich unterhalten.“ – „Ja, das würde Ich gern“, sagte Ich und lächelte. Die drei Mädchen waren froh, dass Ich noch etwas länger bei ihnen blieb.

Dann fragte Rebekka Petrus: „Warum nennst du Ihn Herr?“ – „Weil Jesus unser Herr und unser Meister ist“, antwortete Petrus in voller Wahrheit, und Simon fügte hinzu: „Jesus ist der Herr unserer Herzen und Seelen. Es ist eine Ehre, Ihn Herr zu nennen.“ Der alte Mann sah Mich lächelnd an. Dann schaute Ich in sein Herz, und er erkannte Mich. Er fiel auf die Knie und sagte von Freude erfüllt: „Herr!“ Der Sohn schaute seinen Vater verständnislos an.

Rut sagte zu ihrem Mann: „Sieh unsere Töchter!“ Alle drei lagen auf den Knien, ihre Hände wie im Gebet gefaltet, und auch sie waren von Freude erfüllt und sagten:

„Herr!“ Neben den Mädchen knieten ihre Engel, den Kopf geneigt, und sagten ebenso: „Herr!“

Der junge Elias und seine Frau Rut konnten es nicht verstehen, und so legte ich beiden eine Hand auf die Schulter und sagte: „Sie haben die Wahrheit gesehen.“ Beide schauten Mir in die Augen, und Ich sagte: „Ihr habt gute Herzen und eine gute Familie. Seid glücklich im Leben!“ Da waren auch sie von Freude erfüllt, lächelten und sagten: „Herr!“

Petrus und Simon waren gegangen, um die anderen zu holen, und so war Ich allein in einem Haus mit einer Familie, die gerade die Wahrheit des Wortes Gottes gesehen hatte. Ihre Freude nahm noch zu, als Ich in Liebe ihre Herzen berührte und sagte: „Ihr werdet niemals einsam sein und euch nie im Leben fürchten, denn nun kennt ihr die Liebe Gottes.“ Um uns herum waren all die Engel, die diese Familie behüteten; die Engel knieten vor Mir, verneigten sich und sangen gemeinsam Meinen Namen.

Ich ging zu dem alten Mann, der sagte: „Herr, ich bin so glücklich, dass ich sterben könnte. Ich bin im Himmel!“

„Mein Freund, deine Zeit ist noch nicht gekommen. Sie wird kommen, nachdem deine Söhne heimgekehrt sind. Dann könnt ihr gemeinsam deine Heimkehr zu Gott feiern“, sagte Ich und sah, wie seine ganze Familie zum Zeitpunkt seines Todes bei ihm sein würde und nur Freude darin finden würde, kein Leid.

Ich schickte Mich an zu gehen, als die drei Mädchen auf Mich zuliefen und Mich umarmten. Die Kleinste umfasste mit ihren Armen Meine Beine. „Wir lieben Dich“, sagten sie. „Und Ich liebe euch“, entgegnete Ich. „Vergesst eure Engel nicht“, sagte Ich. „Das werden wir nicht, versprochen“, riefen sie voller Freude. „Mein Friede komme über dieses Haus und über diese Familie“, sagte Ich.

Dann wandte Ich Mich um und ging zu Meinen Jüngern. Wir verließen das Dorf betend und beteten weiter, während wir auf der Straße unterwegs waren. Mein Herz war voller Freude, als Ich an die Familie dachte, die Ich gerade verlassen hatte. Ich liebte sie, und sie liebte Mich. Das war alles, was Ich von jedem erbat. Es schien so wenig zu sein, und doch war es so viel.

Judas (nicht Iskariot) und Matthäus gingen neben Mir, und Matthäus sagte: „Herr, Du siehst so glücklich aus.“ – „Das bin Ich“, sagte Ich und lächelte zurück. „Die Menschen in diesem Dorf waren so, wie alle Menschen sein sollten: voller Liebe zu Gott und zu den Mitmenschen. Wenn nur alle so wären, dann wäre es das Paradies.“

Judas meinte: „Herr, niemand wurde dort geheilt, oder doch?“ – „Wer Heilung brauchte, wurde geheilt, doch es waren emotionale und geistige Heilungen. Die meisten Dorfbewohner brauchten jedoch nur Stärkung, denn ihr Glaube ist stark und ihre Liebe rein“, entgegnete Ich.

„Herr“, fuhr Judas fort, „es war so friedlich dort, und die Menschen waren so freundlich. Schade, dass wir so bald gehen mussten!“ – „Wir werden anderswo gebraucht“, sagte Ich und sah die Bedürftigen des nächsten Ortes vor Mir.

Es war dunkel, als wir die Stadt erreichten. Ich bat Judas Iskariot und Andreas, eine Übernachtungsmöglichkeit für uns zu finden. „Aber Herr, wir sind nun beinahe fünfzig Leute“, sagte Judas und dachte daran, wie viel es kosten würde. „Seht, ob es da jemanden gibt, den wir kennen“, meinte Petrus, der neben Mir stand. „Vielleicht können einige von uns bei Bekannten übernachten.“

Judas, ein wenig verstimmt, ging mit Andreas weg und beklagte sich bei ihm. Dieser hatte jedoch kein Ohr für Judas, da er all das schon einmal gehört hatte. Wir setzten uns auf einem Feld am Rande der Stadt und beteten um gutes Gelingen für Judas und Andreas. Ich wusste, dass sie Erfolg haben würden, doch Ich wollte, dass Meine Jünger sahen, wie ihre Gebete erhört wurden.

Einige Zeit später kehrten die beiden mit einem Dritten zurück, in dem Ich einen Mann erkannte, der schon öfter gekommen war, um Mir zuzuhören. „Herr", sagte Andreas, „hier ist ein Freund von Dir, der uns helfen will." Der Mann trat vor und kniete vor Mir nieder, daher beugte Ich Mich zu ihm und half ihm auf die Füße. „Das ist nicht nötig, Mein Freund", sagte Ich. „Herr", erwiderte er, „ich habe Dir zugehört, als Du gesprochen hast. Deine Worte erfüllen mein Herz. Ich weiß, dass Du von Gott bist, und ich werde tun, was ich kann, um Dir zu helfen. Ich heiße Raphael."

„Raphael, danke für deine Liebenswürdigkeit", sagte Ich, als Judas einwarf: „Er hat ein großes Haus, in dem vielleicht zehn oder zwölf von uns bleiben könnten."

„Was ist mit den anderen?", fragte Petrus, besorgt um deren Wohlergehen. „Sie könnten in den Ställen unterkommen, wenn es recht ist. Wenn ich die Pferde auf die Weide lasse, gäbe es genug Platz für euch alle", bot Raphael an.

„Das wäre perfekt", sagte Ich und dachte an einen Stall, in dem Ich einmal geschlafen hatte. Wir folgten Raphael zu seinem Haus. Dort angekommen, konnte er nicht entscheiden, wer im Haus und wer in den Ställen bleiben sollte. Judas meinte: „Nun, der Herr und wir älteren Jünger, die am längsten bei Ihm sind, sollten im Haus wohnen."

„Ich werde im Stall bleiben", sagte Ich. „Judas, Mein Freund, Ich würde Mich freuen, wenn du mit Mir kommen würdest." Judas war der Wind aus den Segeln genommen, und er schwieg, während alle anderen sagten: „Ich gehe mit dem Herrn in den Stall."

„Ihr passt nicht alle dort hinein", sagte Raphael, und so rief Petrus laut: „Die zwölf neuesten Jünger begeben sich zur Ruhe ins Haus, denn ihr seid all das Reisen und Schlafen in Ställen noch nicht gewohnt. Das wird euch die Gelegenheit geben, euch ein bisschen zu erholen. Wir dagegen sind daran gewöhnt, und ich würde sehr gern in einem bequemen Stall schlafen."

Judas sah Petrus ganz ungläubig an. Ich jedoch sah einen Mann vor Mir, der in der Liebe wuchs, der um seine Mitmenschen besorgt und Opfer zu bringen bereit war, damit es für andere etwas einfacher würde, Mir nachzufolgen.

„Ich werde eine Mahlzeit zubereiten lassen, doch weiß ich nicht, ob es für alle reicht", sagte Raphael.

„Nimm das, was dir möglich ist, und wir holen noch etwas von dem, was wir haben", sagte Ich. Raphaels Speisen und unsere Vorräte ergaben ein sättigendes Mahl, das alle genossen, sogar Judas.

Nach der Mahlzeit ging Raphael mit Mir zum Stall hinüber. „Herr, ich weiß nicht, ob es Dir bewusst ist, doch Du hast mich geheilt, als ich Dich sprechen hörte", sagte er.

„Ja, Mein Freund, Ich weiß", sagte Ich.

„Ich wurde geheilt und danke Dir von Herzen dafür, Herr. Es ist nur so, dass ich mir selbst nicht vergeben kann, wie ich gewesen bin und wie sehr ich Gott mit meinem Verhalten beleidigt haben muss", sagte Raphael.

„Jetzt führst du ein gutes Leben. Jeden Tag dankst du Gott, jeden Tag bittest du um Vergebung. Du hilfst anderen und hältst die Gebote Gottes. Ich denke, dass du inzwischen von Herzen bereust. Und wenn du dies tust, dann vergibt dir Gott. Geh deshalb mit dir selbst nicht zu hart ins Gericht", erwiderte Ich.

„Herr, wie kann Gott jemanden wie mich lieben? Jemanden, der seinen Körper so schrecklich missbraucht hat; jemanden, der keinerlei Achtung vor dem Geschenk hatte, das Gott mir in meinem Körper und in dem Körper anderer gemacht hat? Wie muss ich Gott beleidigt haben, als ich bei anderen Männern lag! Ich weiß, dass ich es nie wieder tun werde, doch ich erinnere mich an das, was ich früher getan habe", sagte er und begann zu weinen.

„Viele Menschen machen Fehler in ihrem Leben. Viele Menschen beleidigen Gott durch ihr Verhalten, und viele respektieren niemanden, außer sich selbst. Doch diese Menschen werden von Gott genauso geliebt wie alle anderen; und Gott will, dass sie zu Ihm kommen, damit Er ihnen vergeben kann", sagte Ich und tröstete ihn.

„Was, sogar solche, die sich so verhielten wie ich?", schluchzte er. „Ja, sogar solche", sagte Ich sanft. „Der Böse macht die Menschen oft blind für das, was sie tun. Der Böse gibt ihnen den Gedanken ein, sie könnten machen, was sie wollten, es sei ihr Recht. Der Böse lässt Ausschweifungen und Sünde oft als etwas Normales erscheinen. Der Böse verstrickt schwache Menschen häufig in ein Netz der falschen Liebe und des falschen Lebens. All dies zeigt einfach, dass Männer und Frauen schwach und einfach zu täuschen sind.

Für einige betrifft die Täuschung den Bereich der Sexualität, für andere ist es der Stolz, für wieder andere die

Gier und, ach, es gibt noch so viele zusätzliche Bereiche! Gott kennt diese Schwächen; Er liebt die Menschen trotzdem und schenkt ihnen die Möglichkeit der Erlösung. Gott bietet Seine Liebe allen an, ganz gleich, was sie getan haben; denn sobald sie Seine Liebe annehmen und um Vergebung bitten, werden sie die Kraft zur Überwindung des Bösen finden, so wie du. Denke daran, dass Gott dich liebt, und wenn du wirklich von Herzen Seine Vergebung suchst, ist sie da. Wenn du dann, so wie jetzt, ein gutes Leben in Gott führst und nicht mehr sündigst, dann lass deine Schuld los in dem Wissen, dass du geliebt wirst und dass dir vergeben ist", erklärte Ich ihm liebevoll.

„Ich danke Dir, Herr", sagte er und hörte auf zu weinen. „Danke. Deine Worte ermutigen mich immer!"

Als er gegangen war, setzte Ich Mich auf eine Mauer, betrachtete die Sterne am Himmel und dachte an diejenigen, die so lebten, wie Raphael gelebt hatte. Und Ich sah Satan darüber lachen, wie leicht er sie täuschen kann.

Vergebung und Heilung 1. Januar 1997

Ich ging zu dem Stall, wo die meisten Meiner Jünger schliefen, und wandte Mich der Stelle zu, wo Ich schlafen sollte. Der junge Jakobus schlief auf der einen Seite von Mir und Johannes auf der anderen. Sie sahen beide so friedlich und so unschuldig aus. Als Ich Mich im Raum umschaute, sah Ich Bartholomäus wie üblich im Tiefschlaf und laut schnarchend. Judas Iskariot hatte für sich den bequemsten Platz im Raum gefunden, doch im Schlaf sah er noch immer unglücklich aus.

Petrus und Andreas schliefen dicht beieinander, mit Matthias an der Seite von Andreas und Jakobus an der Seite von Petrus. Sie lagen so dicht beieinander, dass sie zu einer einzigen Figur verschmolzen zu sein schienen. Philippus, Justus, Simon, Judas (nicht Iskariot) und Thomas lagen alle in einer Reihe an der einen Wand. Der Rest Meiner Jünger hatte sich im ganzen Stall verteilt. Ich fühlte Mich wohl unter Meinen Freunden, saß einfach da, betrachtete sie und freute Mich über die Wärme ihrer Liebe zu Mir. Ja, sogar Judas, denn er liebte Mich. Es war nur so, dass er seine Liebe zu Mir mit seiner Eigenliebe durcheinander brachte. Ich legte Mich hin und sagte: „Vater, wie liebe Ich Meine Freunde!“ Dann schlief Ich ein und sah den Vater mit weit ausgebreiteten Armen über der Welt, und Er sagte: „Alle Welt sollte Freunde Gottes sein.“

Ich erwachte vom Krähen eines Hahnes, und es erinnerte Mich an das, was kommen sollte. Petrus kam zu Mir und meinte: „Dieser Hahn kräht so laut! Er könnte Tote erwecken!“ – „Ja, aber nicht Bartholomäus“, sagte Jakobus, der erwacht war und zu Bartholomäus schaute, der noch immer fest schlief. „Wie macht er das bloß?“, fragte Johannes, der auch wach war, „er kann trotz allem weiterschlafen!“ – „Er hat Frieden in seinem Herzen“, sagte Ich. Wir standen auf, um uns auf den Tag vorzubereiten. Bald waren alle wach, sogar Bartholomäus. Und als wir uns alle zum Gebet versammelten, kam Raphael mit seinen Dienern, um mit uns zu beten.

Mehr als zwei Stunden später beendeten wir das Gebet. Raphael kam zu Mir und sagte: „Diese Gebete haben mir wirklich gefallen, Herr. Mein Herz fühlt sich an, als ob es bersten würde, es ist so voller Liebe.“

„Das Beten aus deinem Herzen heraus bringt dich Gott näher. Das ist der Grund, warum du dich so fühlst", erklärte Ich und lächelte, als Ich sein frohes Gesicht sah.

Raphaels Diener brachten das Frühstück. Jeder erhielt eine kleine Ration von dem, was am Vorabend übrig geblieben war. Raphael entschuldigte sich: „Es tut mir leid, dass ihr nur das bekommt, aber während des Gebets ist niemand auf den Markt gegangen." – „Das reicht und macht satt", sagte Petrus, „und wenn es so gut schmeckt wie gestern Abend, wird es ein Gaumenschmaus." Wieder sah Ich, wie das Herz von Petrus in Fürsorge und Demut wuchs. Er würde in Zukunft viele Kämpfe mit seinem Stolz austragen, doch Ich wusste, am Ende würde er mit seinem demütigen Akt der Liebe in Rom den Kampf gewinnen.

Nach dem Mahl sagte Ich zu Meinen Jüngern: „Wir gehen zur Synagoge, um zu beten und Meinem Vater für Seine Liebe zu danken."

Raphael fragte: „Wäre es Dir recht, wenn ich mitginge?" – „Selbstverständlich, Mein Freund. Mir ist jeder willkommen, der mit Mir gehen möchte, und Ich werde niemals jemanden wegschicken", sagte Ich.

Auf dem Weg zur Synagoge gingen Raphael und Petrus neben Mir. Als wir bei der Synagoge ankamen, standen einige Pharisäer und Sadduzäer davor und diskutierten. Als wir uns anschickten, die Synagoge zu betreten, rief ein Pharisäer laut, indem er auf Raphael deutete: „Er kann nicht eintreten, er ist ein Sünder! Er ist eine Beleidigung für Gott!" Raphael war peinlich berührt und wollte weggehen.

„Bleib, Mein Freund", sagte Ich sanft. Raphael sah Mich an und sagte: „Aber es ist wahr, was sie sagen, Herr." –

„Hast du unser Gespräch vergessen?“, fragte Ich. Raphael schaute zu Boden und sagte: „Nein, Herr“, aber Ich wusste, dass er gehen wollte.

Ich wandte Mich an den Pharisäer und sagte: „Dieser Mann mag gesündigt haben, doch wer hat das nicht? Dieser Mann hat seine Sünden erkannt, damit aufgehört und bittet Gott um Vergebung. Wie viele tun das?“ – „Ja, aber seine Sünden sind abscheulich“, stellte der Pharisäer fest.

„Alle Sünden sind abscheulich in Gottes Augen, doch in Seiner Liebe bietet Gott allen, die darum bitten, die Vergebung an, ganz gleich, um welche Sünden es sich handelt“, gab Ich zurück. „Aber er, er steht auf *Männer*“, rief der Pharisäer empört, „Gott wird mit ihm verfahren wie damals mit Sodom und Gomorrha!“ Raphael fühlte sich sehr unbehaglich und erwartete eine Verurteilung seitens Meiner Jünger, doch es kam keine.

„In Sodom und Gomorrha bot Gott Vergebung an. Gott bat die Menschen, sich zu ändern, doch sie taten es nicht. Selbst dann versprach Gott, wenn nur einige gut wären, wenn nur einige bereit wären, sich zu ändern, würde Er diese Städte nicht zerstören. Die Menschen hörten nicht und wählten selbst ihr Schicksal. Als aber diesem Mann hier die Gelegenheit zur Umkehr angeboten wurde, die Gelegenheit, sich zu ändern, nahm er sie an. Und so vergibt ihm Gott, wie Gott allen vergeben wird, die das Angebot annehmen werden“, erklärte Ich.

„Wer bist Du, dass Du sagst, Gott habe ihm vergeben?“, fragte der Pharisäer erbost. „Es steht in der Heiligen Schrift, dass Gott gesagt hat, Er werde denen vergeben, die bereuen“, warf Petrus ein.

Der Pharisäer schwieg, und Ich sagte: „Wer bereut und um Vergebung bittet, dem wird vergeben. Wer aber sagt, er habe nichts zu bereuen, dessen Stolz wird sich beim Jüngsten Gericht wie eine Kette um seinen Hals legen. Dir sage Ich: Denke an das, was du insgeheim tust, und suche Gottes Vergebung, wie dieser Mann es getan hat."

Der Pharisäer wurde rot im Gesicht, da er erkannte, dass Ich von seiner Mätresse wusste. „Wen kümmert es, ob er in die Synagoge geht", sagte der Pharisäer wütend und ging weg. Die anderen hatten keine Einwände mehr, als wir eintraten, um zu beten. Später dankte Mir Raphael und sagte: „Es ist so lange her, dass ich in der Synagoge gebetet habe. Heute habe ich durch Dich den Mut gefunden zurückzukehren. Ich danke Dir, Herr."

Schweigend gingen wir zu Raphaels Haus zurück. Als wir gemeinsam beim Mahl saßen, unterhielten wir uns unbeschwert und alle waren glücklich, bis auf Judas, der Raphael ständig nervöse Blicke zuwarf. Dann hörte Ich ihn zu seinen Nachbarn sagen: „Ich bin froh, dass ich letzte Nacht nicht im Haus geschlafen habe." Wie traurig, dachte Ich, dass es einigen schwer fällt, anderen zu vergeben.

Während wir aßen, versammelte sich eine Menschenmenge um das Haus und die Felder Raphaels. Einige fragten: „Ist es wahr, dass Jesus von Nazaret hier ist?" Andere antworteten: „Ja, Er isst gerade mit Raphael."

„Petrus, würdest du den Menschen draußen sagen, dass Ich bald kommen und zu ihnen sprechen werde?", bat Ich. „Ja, Herr", sagte Petrus und stand auf, um Meiner Bitte nachzukommen. Als Petrus zurückkam, sagte er: „Herr, da ist eine sehr große Menschenmenge, sie wird von

Minute zu Minute größer." Ich trank ein wenig und sagte: „Ich werde jetzt zu ihnen sprechen."

Als Ich nach draußen ging, schob sich die Menge Mir entgegen und rief: „Es ist Jesus! ... Sprich zu uns! ... Heile mich! Mach mich gesund!" Meine Freunde drängten die Menschen zurück, und bald hatten sie die Menge beruhigt.

„Freunde!", begann Ich. „Die Vergebung ist eine Gnade, die Gott allen Menschen anbietet. Die meisten wollen oder erwarten sogar, dass Gott ihnen alle Sünden vergibt, die sie begangen haben. Die meisten hoffen in ihrem Herzen, dass Gott sie liebt und sie im Himmel bei sich haben will. Die meisten sagen sich: Gott versteht, dass ich menschlich bin und wird meine Schwächen mit Nachsicht behandeln. Die meisten sehen sich selbst eines Tages im Himmel sitzen, weil ihnen Gott in Seiner barmherzigen Liebe vergeben würde. Ja, es ist wahr, dass Gott euch jede Sünde vergeben wird, doch ihr solltet bedenken, dass dies nicht heißt, dass ihr weiter sündigen und dann in eurem letzten Augenblick die Vergebung suchen könnt.

Es bedeutet, dass ihr von dem Moment an, in dem ihr euch der Sünde bewusst werdet, mit aller Kraft versuchen müsst, damit aufzuhören. Sobald man sich der Sünden in seinem Leben bewusst wird, kann man nicht weiter sündigen und dann Vergebung erwarten. Sobald du weißt, dass du sündigst, musst du versuchen, damit aufzuhören. Ja, vielleicht fällst du immer wieder zurück, doch du musst es versuchen. Wer sich bemüht, die Sünde zu überwinden, zeigt Gott, dass er Seine Gebote befolgen will. Wenn du versagst, wird Gott wissen, dass du es versucht hast. Gott wird sehen, dass du gut sein wolltest, und Gott wird es verstehen und dir Barmherzigkeit zeigen.

Bist du dir jedoch deiner Sünde bewusst und sagst: ‚Es ist nur eine kleine Sünde. Das macht nichts', oder: ‚Ich werde später versuchen, nicht mehr zu sündigen', oder sogar: ‚Gott wird mir vergeben, weil Er weiß, dass ich nicht damit aufhören kann', dann lässt du zu, dass dein Stolz dein Herz regiert. Du sagst damit, dass du weißt, was Gott tun wird. Du stellst dich auf dieselbe Stufe wie Gott, und du verweigerst das, was Gott von dir erbittet. Dann wird es dir schwerfallen, Vergebung zu erlangen, denn du hast nicht aufrichtig darum gebeten. Du wirst Ausreden gefunden haben, um nicht darum bitten zu müssen, und du wirst einen Preis für diesen Stolz bezahlen müssen, dem du erlaubt hast, in dir zu wachsen.

In jedem wirkt dieser Stolz auf verschiedene Art und Weise. Manche werden Gottes Vergebung für sich selbst erwarten, doch schnell dabei sein, andere zu verurteilen, während sie ihre eigenen Fehler vergessen. Der Stolz dieser Menschen sagt: ‚Gott kann *mir* vergeben, doch dieser anderen Person kann Er nicht vergeben', oder: ‚Mir ist vergeben worden, also bin ich heilig. Aber dieser anderen Person wird Gott nicht vergeben, denn sie ist so schlecht.'

Jene Menschen vergessen oft das, was sie getan haben und manchmal weiterhin an Unrecht tun, doch sie sind, ach, so schnell dabei, andere zu verurteilen! Dies ist wieder ihr Stolz, der sagt, *sie* und nicht Gott könnten über andere urteilen, und dass sie die Gedanken Gottes kennen und wissen, wie Er über andere urteilt.

Der Stolz ist eine Sünde, die sich im Herzen eines jeden findet – eine Sünde, der man erlaubt zu wachsen, wenn man sich von Gott abwendet, oder die überwunden werden kann, wenn man sich in demütiger Liebe an Gott wendet und Seinen Willen für unser Leben annimmt. Wenn du den Stolz überwinden willst, bitte um Gottes Hilfe, damit du dich selbst so siehst, wie du wirklich bist, und damit du in Liebe auf andere schaust."

Als Ich geendet hatte, herrschte völlige Stille, bis ein gut gekleideter Mann ausrief: „Stolz mag eine Sünde sein, aber stimmt es nicht, dass einige von uns besser sind als andere? Man kann es an unserer Intelligenz erkennen, daran, wie wir zu Geld kommen und daran, wie wir ein Vorbild für andere sind. Es sind doch gerade die Gaben, die Gott uns gegeben hat, welche uns über andere stellen."

„Mein Freund, in Gottes Augen sind alle gleich. Einige mögen intelligenter sein als andere, doch was bedeutet dies? Oft führt diese Intelligenz die Menschen von Gott weg in die Selbstbezogenheit. Es ist besser, ein liebendes Herz zu haben, als einen klugen Verstand", gab Ich zurück.

Der Mann entgegnete: „Nun, warum macht Gott die Menschen dann überhaupt intelligent?"

„Die Gaben, die Gott gibt, sind zum Besten aller, nicht nur für die Person, der sie gegeben sind. Ist einer intelligent, sollte er diese Gabe dafür einsetzen, den Bedürftigen zu helfen. Ist einer wohlhabend, sollte er sein Vermögen zum Wohle aller gebrauchen. Ist ein anderer großherzig, sollte dieser mit seiner Liebe andere stärken. Ist wieder ein anderer ein Handwerker, sollte er seine Fähigkeiten für andere ausüben. All die Gaben Gottes sind geschenkt, um zum Wohl aller geteilt zu werden. Sie sind nicht nur für den, dem die Gabe gegeben wurde. Denkt immer daran: Was Gott geschenkt hat, kann Er auch wieder nehmen", sagte Ich.

Der gut gekleidete Mann drehte sich um und ging weg. Ich war etwas traurig, weil er ein Mensch war, der zugelassen hatte, dass sein Stolz die Oberhand gewann und sein Herz den Kürzeren zog.

Die Menschenmenge begann zu rufen: „Heile mich!" So ging Ich zwischen ihnen umher und heilte die Kranken. Ich kam zu einem Mann, der von Geburt an blind und taubstumm war. Seine Mutter, die bei ihm war, sagte zu Mir: „Er kennt die Welt noch gar nicht. Er ist wie ein Baby. Bitte heile ihn, Herr. Bitte heile ihn! Ich bete jeden Tag, dass Gott diesen Fluch von meinem Sohn nehme. Vielleicht wird Er mich heute erhören?"

Ich streckte Meine Arme aus, nahm sein Gesicht in Meine Hände und sagte zur Mutter: „Gott hat deine Gebete gehört, und jetzt antwortet Er darauf." Da sagte der Mann: „Ich kann sehen, ich kann sehen, ich kann sprechen, ich kann sprechen! Ich kann meine eigene Stimme hören!" Tränen strömten ihm und seiner Mutter aus den Augen, und beide kamen und umarmten Mich. Da sagte Ich zu der Mutter: „Alte Frau, dein Sohn ist geheilt. Bete von nun an jeden Tag aus Dank zu Gott, und danke Gott auch dafür, dass Er deine Knochen geheilt hat."

„Meine Schmerzen sind weg!", rief sie und fuchtelte mit den Armen. „Preist Gott! Preist Gott!" Schon bald weinten, lachten und beteten viele Stimmen und dankten Gott für die verschiedenen Heilungen.

Auf dem Boden sah Ich eine junge Frau sitzen, die in Trauergewänder gekleidet war. Sie hatte keinerlei Notiz von dem Geschehen genommen, sondern saß einfach nur da und starrte vor sich hin. „Dein Mann Johannes ist jetzt glücklich. Er leidet nicht mehr, er schaut in Liebe auf dich und dein Kind", sagte Ich zu ihr.

„Was – was sagtest Du? Wie kannst Du meinen Mann kennen? Er ist jetzt schon seit drei Monaten tot!"

„Ich weiß, und Ich weiß, wie sehr du ihn liebst. Doch trauere nicht mehr. Er ist glücklich, und eines Tages werdet ihr euch in Gott wieder begegnen", sagte Ich. Sie schaute unsicher zu Mir auf, und Ich fuhr fort: „Deine Tochter braucht dich jetzt mehr denn je. Sie vermisst ihren Vater, doch ihr fehlt auch die Liebe ihrer Mutter, weil ihre Mutter sie jetzt ignoriert."

Noch immer waren ihr Verwirrung und Trauer anzusehen, so streckte Ich die Hand aus, streichelte ihr Gesicht und sagte: „Sei geheilt von deinem Schmerz!" Die Frau begann von Herzen zu weinen und hörte nicht auf zu schluchzen. Petrus fragte: „Was sollen wir tun, Herr?"

„Lasst sie nur. Es wird ihr bald besser gehen. Manchmal ist es schwer, den Schmerz loszulassen."

Bald hatte sich die Versammlung aufgelöst. Ich hatte sie dazu aufgefordert und versprochen, am nächsten Tag zu ihnen zu sprechen. Die Frau aber saß noch immer auf der Straße und weinte. Ich ging zu ihr und sagte: „Geh jetzt zu deiner Tochter!" Auf einmal hörte sie auf zu weinen. Sie rieb sich die Augen und begann zu lächeln. „Du hast recht. Meine Tochter braucht mich, und es ist wahr, dass mein Mann jetzt keine Schmerzen mehr hat", sagte sie, stand auf und säuberte ihre Kleider. „Wie konntest Du das wissen?", fragte sie.

„Ich kenne dein ganzes Leben, Ich war immer bei dir, sogar damals, als du dir als Kind das Bein gebrochen hattest und weinend im Bett lagst. Ich hörte, wie du Gott gebeten hast, deine Schmerzen zu lindern. Und Gott tat es, wie Er es auch heute getan hat", sagte Ich.

„Das weißt Du?", rief sie aus. „Ja, und Ich weiß um dein Leid, als du zusehen musstest, wie dein Mann qualvoll starb; und wie du gelitten hast, deine Tochter so verstört zu sehen. Ich weiß, du dachtest, du könntest nicht weitermachen, und als dein Mann starb, wärst du am liebsten mit ihm gestorben. Ich weiß, wie du dich von der Welt abgekapselt hast. Und Ich weiß, dass du dich jetzt wieder geöffnet hast, geöffnet in Liebe, wie es sein sollte", sagte Ich. Die Frau fiel vor Mir auf die Knie und sagte: „Herr!"

Ich rief Judas zu Mir und sagte: „Gib diesem Kind etwas zur Unterstützung!" Unglücklich legte Judas einige Münzen in ihre Hände. „Etwas mehr vielleicht", meinte Ich, und Judas kam Meinem Wunsch widerwillig nach.

„Ich kann dies nicht annehmen, Herr. Du hast bereits so viel für mich getan", sagte die Frau. „Nimm es als Erstattung eines Teils des Zehnten, den dein Mann immer bezahlt hat, sogar in schweren Zeiten." – „Herr", sagte sie, „Du weißt alles!" – „Ich weiß, dass deine Tochter auf dich wartet", sagte Ich, beugte Mich nach vorn, küsste sie auf die Wange und sagte: „Gehe zu ihr, sie braucht dich."

„Ich gehe, aber wenn es irgendetwas gibt, das ich für Dich tun kann, werde ich es tun", sagte sie ehrlich.

„Bete jeden Tag und bringe deiner Tochter bei, Gott zu lieben. Das ist alles, worum Ich bitte." – „Ja, Herr, das werde ich tun. Ich verspreche es", sagte sie und begann nach Hause zu laufen, voller Glück und Frieden. Dann sah Ich, wann Ich sie wiedersehen würde: Sie würde wieder trauern, trauern am Fuße eines Kreuzes, an dem Ich Mein Leben hingab für die Erlösung der Menschheit.

Der Überfall

2. Januar 1997

An jenem Abend beschloss Judas, nachdem wir gegessen hatten, allein spazieren zu gehen, was er oft tat, um das Geld zu zählen oder zu verstecken, das er verborgen bei sich trug.

Etwas später, als Ich bei Meinen Freunden saß und Mich mit ihnen unterhielt, kam Judas zurück, mit Beulen und Schrammen. Petrus und Jakobus eilten zu ihm, während er zum Tisch stolperte und jammerte: „Ich bin ausgeraubt worden, ich bin ausgeraubt worden!"

Seine Verletzungen waren nur leicht, doch er machte viel Aufhebens darum. Als Petrus seine Wunden wusch, schluchzte er: „Sie haben all das Geld genommen!" Das sagte er, ohne sich an jemand bestimmten zu wenden.

„Das macht nichts, Mein Freund, Hauptsache dir ist nichts Schlimmeres passiert", sagte Ich liebevoll zu ihm.

„Aber, Herr, wie sollen wir etwas zu essen kaufen?", fragte Judas. „Wir brauchen Geld zum Leben!"

„Mache dir darüber keine Sorgen! Hast du noch nicht gelernt, dass alles, was wir brauchen, gegeben wird?", fragte Ich sanft. „Aber sie haben *alles* genommen", rief er mit einem Ausdruck der Verzweiflung. „Es war nicht viel", sagte Petrus beruhigend zu Judas. „Was meinst du damit, es war nicht viel! Ich hatte dreißig Silberstücke, etwas Gold und ein paar Pfennige", erwiderte Judas scharf.

„Woher hattest du so viel? Du hast uns gesagt, wir hätten nicht viel Geld!", rief Petrus aufgebracht. „Es ist nur Geld“, sagte Ich, „lasst deswegen keine schlechten Gefühle aufkommen.“ Petrus schaute Mich an und sein Zorn legte sich. Er sagte: „Entschuldige, Herr.“ Dann wandte er sich an Judas und sagte: „Es tut mir leid, vergib mir.“ Mit schuldbewusstem Ausdruck, weil er ertappt worden war, antwortete Judas: „Ist schon gut.“ Dann ging er zu seinem Schlafplatz und blieb den Rest der Nacht still dort.

Ich beobachtete Judas eine Weile und empfand wieder eine tiefe Traurigkeit, als Ich an die dreißig Silberstücke dachte und daran, was sie in der Zukunft bedeuten würden. Ich war auch traurig, weil Judas nicht daraus gelernt hatte, dass Geld unwichtig ist, und dass es viel schneller schwinden kann, als man Zeit braucht, es zu bekommen. Ich sah in Judas die Verzweiflung über den Verlust des Geldes, aber keine Verzweiflung darüber, was er seiner Seele antat. Es erinnerte Mich daran, dass viele Menschen manchmal mehr an das Geld dachten als an den Schatz, den sie in ihren Seelen haben.

Dann schaute Ich zu Petrus und sah in ihm, wie schnell er akzeptiert hatte, dass Geld unwichtig, Freundschaft und Liebe aber wichtig war. Welch ein Beispiel wird Mein Freund Petrus für die Welt sein, und welch ein Beispiel wird er denen geben, die seinen Fußspuren als Bewahrer der Himmelsschlüssel folgen werden! Petrus, der Fels, den Ich auserwählt habe, so wie Ich jene auswählen werde, die ihm folgen.

Jakobus, der neben Mir lag, fragte: „Meister, hast Du es bequem? Du kannst meine Decke haben, wenn Du möchtest.“ – „Danke, Mein Freund, es geht gut so“, sagte Ich, schloss die Augen und sank in den Schlaf, während Ich daran dachte, wie Jakobus alles, was er hatte, weggeben würde, ohne an sich selbst zu denken.

Am nächsten Tag gingen wir nach dem Frühstück wieder zum Gebet in die Synagoge, und diesmal hinderte niemand Raphael am Eintreten. In der Synagoge saß Ich still da und hörte den Worten der Schriftlesung zu: Worte des Propheten Jesaja, die von Meinem Kommen sprachen, vom Messias, der Israel und die Gefangenen befreien würde. Die Liebe Meines Vaters erfüllte Mich, und Ich fühlte Mich erfrischt und gestärkt.

Als wir die Synagoge verließen, kam der Rabbi, der aus der Schrift gelesen hatte, zu Mir und sagte: „Es tut mir leid, wie die Pharisäer Dich gestern behandelten. Bitte vergib ihnen. Wie so viele hören sie das Wort Gottes, doch sie leben es nicht. Das ist traurig für Israel."

Ich betrachtete ihn und sah einen guten Mann, der Gott liebte, einen Menschen, dessen Weisheit die Zahl seiner vierzig Jahre weit überragte. „Ich vergebe immer, wenn man darum bittet, und Ich danke dir, dass du dich so einsetzt. Dies zeigt eine große Liebe zu Gott", sagte Ich.

„Meine Liebe zu Gott ist so klein, ich wünschte, sie wäre größer, so wie ich wünschte, dass die Liebe Israels zu Gott größer wäre", entgegnete er sehnsüchtig.

Der Rabbi wandte sich an Raphael und sagte: „Ein Sünder, der umkehrt, ist ein großes Geschenk von Gott. Du bist hier immer willkommen, mein Freund. Da, nimm dies als Zeichen meiner Freundschaft." Er überreichte Raphael eine Schriftrolle. „Ein Schreiber schrieb sie vor langer Zeit für mich auf. Es sind nur ein paar Gedanken, die ich über die Größe der Barmherzigkeit Gottes hatte." Raphael sah sehr glücklich aus, weil der Rabbi ihn Freund genannt hatte. „Ich danke dir vielmals. Ich werde sie in Ehren halten", sagte Raphael und sah die Schriftrolle an wie ein Kind sein Geburtstagsgeschenk.

Der Rabbi wandte sich wieder an Mich und sagte: „Ich hörte gestern Deine Worte, sie waren die Wahrheit selbst. Ich frage mich deshalb oft, wie Menschen Ärgernis an der Wahrheit nehmen können. Es muss ihr Stolz sein, wie Du gestern sagtest. Ich glaube, dass der Stolz der Untergang der Menschheit ist."

Ich sah in diesem Mann, was Ich hoffte, in allen Menschen zu sehen – Demut, Verständnis, Liebe und Fürsorge für andere. Ich lächelte ihm zu und sagte: „Der Stolz verschließt die Herzen vor der Wahrheit. Darum leiden stolze Herzen, wenn sie mit der Wahrheit konfrontiert werden, denn der Stolz kämpft und will sie nicht einlassen."

„Kommst du mit, wir essen bei mir zu Hause", fragte Raphael den Rabbi. „Sehr gern", antwortete der Rabbi. „Mein Name ist Kephas", sagte er, an alle gewandt, mit einem breiten Lächeln.

Die Gemeinschaft machte unser gemeinsames Mahl sehr angenehm. Ich hörte Kephas zu und sah einen wahren Freund Gottes. Ich sah, wie er mit jedem Freundschaft schloss, ohne sich darum zu kümmern, wer oder was er war. Er sprach mit den Dienern so wie mit allen anderen, als ob es ihm eine Ehre sei, mit ihnen zu sprechen. Er bewirkte, dass sich alle wohl fühlten. In ihm sah Ich, wie alle Priester sein sollten: vollkommen in der Liebe zu Gott, und im Dienst Gottes liebevoll gegenüber anderen.

Als die Mahlzeit vorüber war, hatte sich wieder eine Menschenmenge vor dem Haus versammelt. So ging Ich und sprach zu ihnen: „Ihr kommt, um Meine Worte zu hören. Ihr kommt um der Heilung willen und voller Hoffnung. Ja, Meine Worte hier sind für euch; Meine heilende Liebe – durch die Kraft Gottes – ist hier für euch, und in Mir ist alle Hoffnung für euch da. Öffnet eure Herzen und hört auf das Wort Gottes. Vergesst es dann nicht, begrabt es nicht in den Tiefen der Selbstsucht! Hegt und pflegt es und lasst es wachsen, damit euer ganzes Wesen geheilt werde – dass der Körper geheilt werde von Gebrechen, das Herz geheilt werde vom Stolz und die Seele geheilt werde von Sünde.

Wenn Ich gegangen bin, dann vergesst Meine Worte nicht, vergesst Gott nicht! Betet, lest die Heilige Schrift und hört auf die Liebe Gottes in euren Herzen! Dann werdet ihr erleben, dass euer Leben vollkommen wird, dass die Ketten der Sünde, des Leidens und des Schmerzes zerbrochen sind, und ihr werdet die wahre Freiheit finden, die Gott euch in Seiner Liebe anbietet."

Ich betrachtete die Gesichter in der Menge, die Mich alle wie gebannt ansahen. „Denkt daran, dass der Weg des Lebens die Liebe ist – die Liebe zu Gott und die Liebe zueinander. Lebt euer Leben gemäß diesem Weg, und ihr geht auf dem Weg zum Himmel", sagte Ich lächelnd, als Ich sah, dass viele zugehört hatten und versuchen würden, meiner Bitte nachzukommen. Dann ging Ich noch einmal durch die Menge und heilte die Kranken.

Es war spät am Abend, als Ich damit fertig war, und Ich war sehr müde. Ich sagte zu Petrus, dass Ich nichts essen, sondern gern allein ausruhen wollte. Petrus sprach mit Raphael und kam dann zurück zu Mir. „Herr, Raphael gibt Dir sein Zimmer und übernimmt heute Nacht Deinen Platz im Stall", sagte er. „Danke, Mein Freund", sagte Ich zu Petrus und auch zu Raphael, als Ich ihm auf dem Weg zum Haus begegnete.

Judas Iskariot kam zu Mir. „Herr, wir haben heute viele Spenden erhalten", sagte er lächelnd und zeigte Mir einen Beutel voller Münzen. „Noch wichtiger ist", sagte Ich, „dass viele Herzen berührt worden sind." Dann begab Ich Mich zu dem Zimmer, um zu schlafen.

Ich erwachte am nächsten Morgen und wusste, dass es Zeit war, diese Stadt zu verlassen. So ging Ich in den Stall zu Petrus. „Mein Freund, es ist Zeit zu gehen", war alles, was Ich sagte. Dann ging Ich auf das Feld zu den Pferden. Ich bemerkte, dass es weniger Pferde waren als am Abend zuvor. Still begann Ich, zu Meinem Vater zu beten. Petrus hatte alle versammelt, und sie waren aufbruchbereit.

Als Ich Mich zu ihnen gesellte, waren auch Raphael, seine Diener und der Rabbi Kephas da. Die Diener hatten Beutel mit Lebensmitteln in der Hand, die Raphael als Geschenk für uns gekauft hatte. Er kam zu Mir, umarmte Mich und sagte: „Ich danke Dir. Ich werde Dich nie vergessen." – „Ich dich auch nicht", erwiderte Ich. „Herr, bitte nimm diese bescheidenen Gaben", bat er und deutete auf die Beutel mit Lebensmitteln, „sowie dies hier", und legte einen Beutel mit Münzen in Meine Hand – Münzen, die aus dem Verkauf seiner besten Pferde stammten.

„Ich danke dir für deine Liebe, Mein Freund", sagte Ich und händigte den Beutel Judas aus, der den Überfall jetzt vergessen hatte und glücklich über das Geld war, das er in Händen hielt.

Kephas kam zu Mir: „Jesus, Du hast mir viel zum Nachdenken gegeben. Bitte bete für mich um die Weisheit, es zu verstehen, und um ein Herz, das ensprechend handelt", bat er. „Du hast beides, Mein Freund. Deine Gebete zu Gott, Seinen Willen tun zu können, sind gehört worden und werden beantwortet werden“, sagte Ich. Kephas sah Mich an und fragte: „Woher weißt Du das?“ – „Ich weiß es einfach, Mein Freund“, entgegnete Ich. Kephas lächelte verunsichert. Da sagte Ich zu ihm: „Die Antwort steht bei Jesaja. Lies es noch einmal, und du wirst verstehen.“

Wir verabschiedeten uns und verließen die Stadt. Viele Menschen winkten uns zum Abschied. Ich konnte hören, wie Kephas in der Ferne sagte: „Jesaja – ich frage mich, ich frage mich ...“

Die geheime Schuld 3. Januar 1997

Während wir wanderten, war Ich so glücklich, so erfüllt von Vaters Liebe, dass Ich einen Psalm zu singen begann. Bald stimmten alle in den Lobpreis Gottes mit ein. Wir waren einige Stunden unterwegs, als Ich zu Petrus sagte: „Ich möchte gern allein sein mit den Zwölf, die Ich auserwählt habe.“ – „Ja, Herr. Wird es länger dauern?“, fragte Petrus. „Ein bis zwei Nächte“, antwortete Ich und blickte zu den nahe gelegenen Hügeln. „Dort drüben wäre es ideal.“

Petrus erklärte Meinen Jüngern: „Die Zwölf werden mit dem Herrn zu den Hügeln gehen, die anderen machen sich auf den Weg zum nächsten Ort. Dort gibt es einen kleinen See, wo ihr ausruhen und auf uns warten könnt.“

Einige Meiner Jünger schauten etwas enttäuscht, denn sie wollten bei Mir bleiben. So sagte Ich zu ihnen: „Im nächsten Ort könnt ihr Mir den Weg bereiten. Sagt den Leuten, dass Ich auf Meinem Weg bin, dass Ich komme, um ihnen Gottes Heilung und Frieden zu bringen. Habt keine Angst, von Mir zu sprechen, sprecht aus euren Herzen und wisst, dass Ich dort mit euch bin. Wenn die Kranken zu euch kommen, heilt sie in Meinem Namen. Wenn die Einsamen zu euch kommen, werdet Freunde in Meinem Namen, und wenn die Armen zu euch kommen, speist sie in Meinem Namen. Habt Glauben und Vertrauen in Mich und seht, wie Meine Liebe durch euch wirkt."

Ein aufgeregtes Murmeln ging durch die Reihen Meiner Freunde. Dann fragte Maleachi: „Meinst Du, dass wir die Kranken heilen können?" – „In Meinem Namen ist alles möglich, wenn ihr glaubt", entgegnete Ich. Nun waren sie begierig darauf, in den nächsten Ort zu gehen. Es gab keine Enttäuschung mehr, nur noch Erwartung.

Petrus sagte zu Judas: „Gib ihnen etwas Geld, sie könnten es brauchen." Judas antwortete: „Ich habe nicht viel, ich kann ihnen nur wenig geben." Petrus fragte Meine Jünger: „Habt ihr viel Geld bei euch?" Nachdem das Geld zusammengelegt worden war, ergab es wirklich nur einen sehr geringen Betrag. Petrus fragte Judas: „Wie viel trägst du bei dir?" Kleinlaut zog Judas einen Beutel mit Münzen hervor. „Dies ist alles", sagte er. „Was ist mit den anderen zwei, die du bei dir hast?", fragte Petrus. „Der eine, den Raphael dir gab, und der, den du von den anderen abgezwackt hast?" Judas stotterte: „Ich – ich – habe sie für Notfälle aufgehoben."

„Matthias!", rief Ich, und er kam zu uns. „Judas, gib Matthias den Beutel von Raphael zur Verwaltung, bis wir wieder bei ihnen sind. Er kann damit alles Nötige bezahlen." Judas sah wie üblich gequält aus, als er Geld aus der Hand geben musste. Zögernd holte er den Beutel hervor, gab ihn Matthias und sagte: „Wenn wir künftig in Geldnot kommen, sagt nicht, ich hätte euch nicht gewarnt."

„Gehen wir“, sagte Ich und drückte Judas sanft, „und sorge dich nicht so viel, Mein Freund.“

Es war beinahe dunkel, als wir die Hügel erreichten. Wir fanden eine geschützte Stelle und machten ein Feuer. „Heute Abend werden wir nur etwas Brot, Wein und Wasser zu uns nehmen“, sagte Ich, während Ich dasaß und ins Feuer schaute. Judas ließ ein kleines Seufzen hören, sagte aber nichts. Als das Brot gewärmt worden war, sagte Ich, bevor wir zu essen begannen: „In der Wüste speiste Gott Seine hungrigen Kinder mit Manna vom Himmel. Ich sage euch, in Zukunft wird der Menschheit ein neues Manna angeboten werden – ein Manna, das hungrige Seelen speisen wird. In der Wüste versorgte Gott die Durstigen mit Wasser. Wieder sage Ich euch, Gott wird in Zukunft das Wasser des Lebens für die sterbenden Seelen bereitstellen. *Ich Bin* das neue Manna, und *Ich Bin* das Wasser des Lebens. Leidet nie mehr Hunger und Durst – in Mir!“

Judas schaute verwirrt auf sein Brot. Dann sah er Mich an und zuckte mit den Schultern. Ich goss etwas Wein in das Wasser, das Ich in der Hand hielt, und sagte: „Und es wird einen neuen Wein geben, den Gott allen anbieten wird, den Wein der Vergebung. *Ich Bin* dieser Wein.“ Dann begann Ich, aus Dank zu Meinem Vater zu beten, und Meine Jünger stimmten mit ein.

Während wir aßen, sagte Philippus: „Herr, ich verstehe Deine Worte nicht, aber ich glaube daran.“

„Die Wahrheit dessen, was Ich gesagt habe, werdet ihr zu einer Zeit erkennen, die noch kommen wird. Dann werdet ihr anderen von der Wahrheit erzählen, so dass auch sie Anteil an der Speise des Himmels haben können“, antwortete Ich Philippus.

„Herr“, sagte Johannes, „manchmal ist es sehr verwirrend, Dir zuzuhören, denn Deine Worte scheinen wenig Sinn zu machen.“ Thomas warf ein: „Ja, ich bezweifle, dass ich es je verstehen werde.“

„Eines Tages, Meine Freunde, wird ein Licht in euren Herzen aufleuchten, und ihr werdet die Bedeutung Meiner Worte erkennen. Bis dahin hört, was Ich sage, damit ihr es weitererzählen könnt, wenn ihr dazu berufen werdet. Seid gewiss: Eines Tages werden die meisten von euch alles für genau diese Worte geben.“

Jakobus sagte mit jugendlicher Inbrunst: „Vielleicht könnten wir nach dem Essen beten und Psalmen singen und Gott um das notwendige Verständnis bitten.“ Welche Weisheit in einem jungen Mann, dachte Ich, und in seinen Worten liegt eine Weisung für viele, wie sie Gott näherkommen können.

Am nächsten Morgen erwachte Ich früh und verließ die anderen, um allein in den Hügeln zu wandern. Unterwegs sprach Ich mit Meinem Vater über das, was vor Mir lag, von der Kraft, die Ich brauchen würde, um den Willen des Vaters zu tun, und von der Kraft, die Meine Mutter in dieser Zeit brauchen würde. Ich sah vor Mir, wie Meine Mutter in der Menschenmenge neben Mir ging, während Ich Mein Kreuz trug. Ich sah den Schmerz, den sie in ihrem Herzen trug, ihren Sohn so behandelt zu sehen. Ich sah den Gram und Kummer in ihrer Seele, als sie Mich kreuzigten, und Ich sah die Kraft ihrer Liebe, als Ich starb.

In diesem Augenblick hörte Ich eine Stimme: „Hilf mir, hilf mir!“ Sie kam ganz aus der Nähe, von dort, wo einige Bäume standen. Ich ging hin und wusste bereits, was kommen würde. Als Ich zu den Bäumen kam, lag dort eine junge Frau mit einem neugeborenen Baby in den Armen. „Hilf mir bitte!“, sagte sie mit Furcht in der Stimme. „Ich kann die Blutung nicht stoppen. Bitte hilf mir“, weinte sie. Ich kniete neben ihr nieder und streichelte ihr Gesicht. Sie sah so zerbrechlich aus, weil sie so viel Blut verloren hatte.

„Wenn ich sterbe, dann sorge für mein Baby“, schluchzte sie. „Mein Kind, Ich verspreche, dass Ich für euch beide sorgen werde“, sagte Ich und wischte den Schweiß von ihrem Gesicht. Ich wusste, dass sie nicht mehr lange zu leben hatte, und so fragte Ich: „Wo ist deine Familie?“ – „Sie ist in dem Ort nicht weit von hier“, sagte sie und deutete schwach in die Richtung, in die Meine Jünger am Tag zuvor gegangen waren.

„Warum bist du allein hier?“, fragte Ich sanft und strich ihr übers Haar. „Sie wollten, dass ich mein Baby töte, doch ich konnte es nicht“, schluchzte sie. „Ist er nicht wunderschön?“, fragte sie. „Warum sollten sie das von dir verlangen?“, fragte Ich nach. „Mein Vater – mein Vater ist der Vater des Babys“, schluchzte sie verzweifelt, „und so dachten sie, dass es besser wäre, wenn das Baby stirbt, bevor es geboren ist. Deshalb lief ich fort“, sagte sie trotzig. „Er ist mein Baby, mein Baby – und niemand wird ihn töten!“

In diesem Kind sah Ich eine Liebe zum Leben, die alle haben sollten, die jedoch von vielen verneint wird. „Du wirst Dich doch an meiner Stelle um ihn kümmern?“, fragte sie schwach. „Ja, Ich verspreche es“, sagte Ich und hielt sie und ihr Kind in Meinen Armen. Ich wiegte Mich sanft nach vorn und zurück und sagte: „Ihr seid nun beide in Sicherheit.“ Dann fühlte Ich, wie die Mutter ihren letzten Atemzug tat. Lange Zeit saß Ich dort und hielt die

Mutter und das Kind, das, was sie nicht wusste, tot geboren worden war. Ich weinte von Herzen darüber, dass das Leben für einige so bedeutungslos geworden war, wohingegen es für andere, wie für diese junge Frau, wert war, ihr Leben dafür zu geben. Ich betrachtete die Gesichter von Mutter und Kind und sagte: „Ihr wart im Leben vereint, nun seid ihr im Tod vereint, um ewig in der Liebe zu leben." Ich saß da, hielt sie in den Armen und dachte über ihre Liebe nach, die Mir kostbar war.

„Jakobus, Johannes, bitte kommt her!", rief Ich laut, denn Ich wusste, dass sie Mir gefolgt und in der Nähe waren. Beide kamen hinter einem Busch hervor und weinten über den Anblick, der sich ihnen bot. „Helft Mir, sie zu beerdigen", sagte Ich. Jakobus fiel auf die Knie und weinte bitterlich. „Sie sind so wunderschön", sagte er. Johannes legte seine Hand tröstend auf Jakobus' Schulter, während er selbst weinte.

Einige Zeit später sammelten wir die wenigen Habseligkeiten der Frau ein und legten sie in das Grab. Dann bedeckten wir die Leichen mit Erde, während wir zu Meinem Vater beteten, dass Er jetzt für sie sorge. Schweigend machten wir uns auf den Rückweg ins Lager, bis Johannes sagte: „Wie kann eine Familie ihre Tochter so behandeln!" – „Das kommt daher, weil die Familie vergessen hat, was Liebe ist", sagte Ich. Dann hingen wir still den Gedanken über das Vorgefallene nach, bis wir beim Lager ankamen.

Die Vision des Bartholomäus 4. Januar 1997

Ich setzte Mich und aß etwas, ohne zu sprechen. Johannes und Jakobus saßen einfach nur da, aßen jedoch nichts.

Meine anderen Jünger schauten uns an, schwiegen aber, da sie bemerkten, dass wir nicht reden wollten. Nach einigen Minuten sagte Judas laut: „Warum sind alle so still? Man könnte glauben, jemand sei gestorben." Jakobus begann zu weinen, und Johannes blieb still. Judas fragte: „Habe ich etwas Falsches gesagt?"

„Mein Freund, Ich denke, es wäre besser, wenn wir alle eine Weile still dasitzen und über den Wert des Lebens nachdenken würden", schlug Ich vor. Lange saß Ich da, fühlte den Schmerz und hörte die Schreie all der ungeborenen Babys, die in Zukunft getötet werden würden. Ich sah, wie die Menschheit absichtlich blind war für die Sünde, die sie zuließ. Ich sah, wie Satan lachte und lachte, da die Menschheit ihre eigene Zukunft zerstörte.

Dann begann Jakobus, ein langsames Trauerlied zu singen, in dem er Gott bat, sich einer toten Familie anzunehmen. Ich dachte nicht nur an das Mädchen und ihr Kind, sondern auch an ihre Eltern und Geschwister, die es zugelassen hatten, dass die Liebe in ihrer Familie starb.

Als Jakobus geendet hatte, sagte Ich schweren Herzens: „Es ist eine Schande, wie die Menschen ihr eigen Fleisch und Blut behandeln. Manchmal bedeutet ein Kind nur eine Unannehmlichkeit oder ist ein lästiges Ding, das man loswerden will. Es ist eine Schande, wie die Menschen so himmelschreiend sündigen können und sich nichts dabei denken – sie meinen, es sei ihre Sache, wer lebt oder stirbt. Es ist eine Schande, dass die Schwachen, die Schutzlosen oft behandelt werden, als wären sie wertlos. Wie bereitwillig die Menschen die Sünde annehmen! Die Sünden der Menschheit sind so himmelschreiend, so offenkundig, doch jetzt wie in der Vergangenheit ignoriert die Menschheit die Sünden, die sie begeht, und wird das auch in Zukunft tun."

Ich saß da und dachte an die kleinen Kinder, die Herodes getötet hatte, als Ich auf die Erde kam ... Wie froh er war, als ihm gesagt wurde, dass alle getötet worden waren; wie er die schreckliche Sünde nicht erkannte, die er begangen hatte. Dann sah Ich in der Zukunft viele, die Herodes verurteilen würden, doch ihre eigenen, ungeborenen Kinder töteten und darin kein Unrecht sahen, sondern sich manchmal sogar darüber freuten, dass diese Last von ihnen genommen worden war. Die Blindheit gegenüber der Sünde ging von einer Generation auf die nächste über.

Doch dann sah Ich die Liebe in den guten Menschen, die Gott vertrauten und das Geschenk des Lebens schätzten, das Gott gibt. Ich sah, wie auch dieses von einer Generation auf die nächste überging. Ich sah, dass sich eines Tages alle Menschen so verhalten würden, wenn sie Meine Liebe in sich aufnahmen.

Ich schreckte aus Meinen Gedanken, es war bereits Abend. Petrus schaute Mich an. Er wusste, weshalb Ich traurig war, denn Johannes hatte ihm erklärt, was geschehen war. „Herr, vielleicht könnten wir die Nacht hindurch für alle Familien fasten und beten, damit sie in der Liebe Gottes gestärkt werden", sagte er. „Ja, Mein Freund, sehr gern", antwortete Ich und freute Mich, zu Meinem Vater zu beten.

„Was, wieder kein Essen!", stellte Judas fest. „Es wird das Opfer wert sein", meinte Petrus zu Judas. Andreas sagte: „Denke daran, Judas, je mehr Opfer du Gott darbringst, desto größer wird dein Lohn sein!" Judas war nicht daran interessiert. Er dachte nur an das Mahl, das er versäumen würde, und wusste, dass er nicht um das Fasten herumkommen würde. „Das denke ich mir", sagte er unglücklich.

Um das Feuer versammelt beteten und sangen wir die ganze Nacht hindurch Psalmen. Jedes Gebet erfüllte Mein Herz mit Freude. Als die Morgensonne aufging und ihre Strahlen das Dunkel durchbrachen, sagte Mein Vater zu Mir: „Du, Mein Sohn, wirst auferstehen und die Dunkelheit durchbrechen, welche die Menschheit umgibt."

Als wir das Gebet beendet hatten, sagte Matthäus zu mir: „Herr, dieser Sonnenaufgang war herrlich. Hast Du ihn gesehen?" – „Ja, Mein Freund, er erinnerte Mich an einen kommenden Sonnenaufgang, welcher der herrlichste von allen sein wird", entgegnete Ich. „Ja, Herr", sagte Matthäus und wusste nicht, wovon Ich sprach.

Auf einmal hörten wir lautes Schnarchen, das uns zum Lachen brachte. Es war Bartholomäus, der wieder eingeschlafen war. „Wir sollten eine Weile ruhen", sagte Ich und lächelte wegen Bartholomäus, „denn es war eine anstrengende Zeit."

„Soll ich etwas zu essen machen?", fragte Judas, aber nur, weil er einen Bärenhunger hatte. Normalerweise war er der letzte, der sich freiwillig meldete. „Ja, gern, und dann ruhen wir uns den Rest des Tages aus", sagte Ich und lächelte Judas freundschaftlich zu. Auf seinem Gesicht war ein Ausdruck der Erleichterung zu sehen, da er geglaubt hatte, wir würden auch heute nichts essen. Diese selbstsüchtigen Gedanken werden der Untergang vieler sein, dachte Ich, und schaute ihn liebevoll an.

Ich hatte geschlafen. Als Ich wach wurde, waren nur Bartholomäus und Ich im Lager. Bartholomäus erwachte gerade und sagte: „Jetzt geht es mir besser. Das habe ich gebraucht." Er reckte sich, streckte die Arme hoch und fragte: „Wo sind die anderen, Herr?" – „Gehen wir sie suchen", antwortete Ich und wusste genau, wo sie waren.

Während wir einen Hügel hinaufgingen, erzählte Bartholomäus: „Herr, ich hatte einen Traum, in dem ich um Dich herum Engel sah, die in ihren Armen Babys hielten. Dann schauten die Engel und die Babys vom Himmel herab auf viele verschiedene Familien und weinten. Als die Tränen auf die Erde fielen, berührten sie viele dieser Familien, die daraufhin weinten, weil sie zu begreifen schienen, dass sie großes Unrecht getan hatten. Bei einigen dieser Familien waren gefallene Engel, die über ihnen schwebten und zu verhindern suchten, dass die Tränen auf sie fielen. Einige der Familien versuchten sogar, den Tränen auszuweichen, indem sie unter diesen gefallenen Engeln Schutz suchten.

Dann, Herr, sah ich Dich als Baby, mit Deiner Mutter, die Dich in den Armen hielt und an sich drückte. Um Dich herum war ein goldenes Licht. Als es auf die Erde herabkam, berührte es diese gefallenen Engel, die dann flohen, doch hielten sie dabei einige Menschen fest – Menschen, denen Blut von den Händen tropfte und die mit bösen Engeln in der Finsternis zu verschwinden schienen.

Dann sah ich andere Menschen, die vor Dir niederfielen und um Vergebung baten. Und ich hörte Dich sagen: ‚Ich vergebe euch, weil Ich euch liebe.' Deine Mutter Maria legte Dich darauf jeder Familie in die Arme und sagte:

‚Seht in jedem Kind meinen Sohn Jesus.' Das war das Ende des Traumes, Herr. Was bedeutet das?"

„Dein Traum handelt vom Leben selbst. Er besagt, dass viele den Wert des Lebens nicht verstehen. Viele wurden vom Bösen geblendet und meinen, das Leben sei wertlos. Er besagt, dass eines Tages alle den Wert des Lebens erkennen und viele ihre Sünden gegen das Leben bereuen werden. Er besagt auch, dass einige diese Erkenntnis nicht werden annehmen wollen, dass sie sie ablehnen und nur noch tiefer in die Sünde eintauchen werden, um der Wahrheit aus dem Weg zu gehen. Er zeigt, wohin die Sünde diejenigen führt, die so handeln.

Dein Traum besagt zudem, dass Ich seit dem Moment, als sie erschaffen wurden, im Herzen eines jeden Menschen bin und dass man daher jeden Menschen als eine in Liebe mit Mir vereinte Person betrachten sollte. Wie ihr jeden Menschen behandelt, so behandelt ihr Mich. Der Traum bringt auch zum Ausdruck, dass Ich allen vergeben werde, die bereuen und um Vergebung bitten. Er zeigt auf, dass Meine Mutter jeden bittet, Mich anzunehmen und Teil Meiner Familie zu werden", antwortete Ich Bartholomäus.

„In den Träumen steckt so viel", sagte er, „sie sind manchmal schwer zu verstehen." – „Wenn du Gott darum bittest, wird Er sie dir erklären", sagte Ich. „Ja, Herr, das werde ich", erwiderte Bartholomäus, ohne die Bedeutung dessen, was Ich gesagt hatte, zu verstehen.

Wir kamen zu der Stelle, wo die Mutter und das Kind begraben worden waren. Petrus betete mit Meinen Freunden am Grab. Alle sahen traurig aus, sogar Judas. Als sie Mich sahen, hörten sie auf zu beten. Judas Iskariot fragte:

„Warum musste dies geschehen?" – „Wenn Menschen die Sünde akzeptieren, geschehen so schreckliche Dinge wie dies hier", entgegnete Ich sanft. „Herr, sie war noch so jung! Wie konnte ihre Familie sie so behandeln? Es war die eigene Tochter, die eigene Schwester", sagte Jakobus und weinte noch immer über das, was er einen Tag zuvor gesehen und gehört hatte. „Manchmal vergessen es die Menschen in ihrer Blindheit", antwortete Ich.

Judas Iskariot begann, kleine Steine um das Grab zu legen. Dann pflückte er ein paar Wildblumen und legte sie darauf. „Sie liegt hier so einsam und verlassen", sagte er.

„Sie ist nicht mehr allein. Sie ist bei ihrem Kind, und eines Tages wird sie bei Mir sein", sagte Ich zu allen. „Lasst uns die Heimkehr dieser Kinder feiern!" Dann begann Ich, einen Psalm über die Herrlichkeit Gottes im Himmel zu singen.

Später machten wir uns auf, um ins Lager zurückzukehren, doch Judas blieb noch dort. „Kommst du nicht, Mein Freund?", fragte Ich und wusste die Antwort bereits. „Nein, Herr. Ich bleibe noch etwas hier, um für sie zu beten", sagte er, und Tränen standen in seinen Augen. „Es ist nicht richtig, dass dies mit jemandem geschieht, der noch so jung ist." – „Ich weiß, Mein Freund. Bleibe, solange du willst", schlug Ich vor und sah in Judas' Herz die Liebe, die meistens verborgen war. Als wir schweigend den Hügel hinabgingen, konnten wir Judas bitterlich schluchzen hören.

„Warum ist er so außer sich?", fragte Simon. „Das sieht Judas gar nicht ähnlich." – „Wie alle Menschen möchte er lieben, und heute tut er es", erwiderte Ich und dachte daran, wie sehr Judas Meine Mutter Maria und seine eigene Mutter liebte. Judas hatte ein Herz für alle Mütter, doch leider auch für den Stolz.

Spät am Abend kehrte Judas zurück. Die meisten schliefen schon. „Geht es dir gut, Mein Freund?“, fragte Ich. „Ja, Herr. Ich bin nun darüber hinweg. Es tut mir leid, wenn es Dir peinlich war“, sagte er. „Es war Mir nicht peinlich. Du hast Mir mit deiner Liebe, die du gezeigt hast, eine große Freude bereitet“, antwortete Ich. „Oh“, sagte Judas und ging, um etwas zu essen zu holen.

Er saß da, aß und sah so einsam und verlassen aus, dass es Mir innerlich weh tat. Petrus, der noch wach war, setzte sich zu Judas und fragte: „Möchtest du reden?“ Judas sah ihn traurig an und sagte schließlich: „Es gibt nichts zu bereden.“ Petrus blieb lange neben Judas sitzen, obwohl dieser schwieg. Das war Petrus’ Art und Weise zu sagen: „Ich bin für dich da, wenn du mich brauchst.“

Ich fiel in einen friedvollen Schlaf und spürte die Liebe, die Mich umgab. Als Ich am nächsten Morgen erwachte, sah Ich, dass Petrus und Judas dort schliefen, wo sie letzte Nacht gesessen hatten. Judas hatte sich wie ein Baby zusammengerollt, zugedeckt mit seiner Decke und der von Petrus, während Petrus ohne Decke schlief. Wieder sah Ich, wie Petrus in seiner Nächstenliebe wuchs und wie er ein Freund der Einsamen und Verlorenen sein wollte – ein Fels der Liebe, ein Fels des Glaubens und ein Fels, auf den Ich Mein Vertrauen setzen konnte. Petrus, der Fischer mit dem aufbrausenden Temperament, wurde zu Petrus, dem Felsen der Liebe, welcher der Welt den Glauben und das Gottvertrauen zeigen würde.

Wir machten uns auf den Weg in den nächsten Ort, wo Meine Jünger warteten. Sie hatten in der Nähe des Sees gelagert. Als wir ankamen, konnte Ich einige im Wasser sehen, wo sie sich an dem warmen Tag abkühlten. Meine Jünger versammelten sich um uns und begannen, Fragen über die beiden Tage zu stellen, die wir ohne sie verbracht hatten. Dann erzählten sie uns, wie viele Menschen zu ihnen gekommen waren. Von den Kranken waren einige geheilt worden und andere nicht. Meine Jünger fragten sich, weshalb nicht alle geheilt worden waren.

„Habt ihr gezweifelt?", fragte Ich. Viele schauten zu Boden und antworteten: „Ja, manchmal." – „Nun, das ist mit ein Grund dafür, denn wenn ihr zweifelt, errichtet ihr ein Hindernis zwischen euch und Mir. Manchmal aber werden Menschen nicht geheilt, weil Gott es nicht will. Vielleicht sieht Gott, dass das Herz eines Menschen rein ist, und sein Gebrechen ist nicht so wichtig. Gott sieht vielleicht, dass dieses reine Herz sich verändern kann, wenn das Gebrechen genommen wird. Manche Menschen kommen Gott durch ihre Gebrechen am nächsten. Wieder andere belässt Gott vielleicht so, wie sie sind, um ihren Mitmenschen eine Gelegenheit zu geben, ihnen Liebe und Mitgefühl zu zeigen und dadurch Gott näher zu kommen. Die Kranken können eine Gnade Gottes für die Menschen sein, damit wir in der Liebe wachsen können", sagte Ich.

Viele Meiner Jünger begannen zu verstehen, doch einige schauten noch immer verwirrt. So sagte Ich: „Wenn ihr in Meinem Namen heilt, dann achtet nicht darauf, ob ihr wohl Erfolg habt oder nicht. Überlasst das Mir. Erkennt jedoch: Jedes Mal, wenn ihr Meinen Namen anruft, werden andere auf Mich aufmerksam. Dies ist das Wichtigste, was ihr für jemanden tun könnt."

„Lasst uns darum beten, dass unsere Zweifel verschwinden", rief Thomas, was Mir ein Lächeln entlockte. Schon bald waren wir im Gebet vereint, und Ich war glücklich inmitten der Liebe Meiner Jünger. Als wir unsere Gebete beendet hatten, hatte sich eine Menschenmenge versammelt, und die Leute sagten: „Er ist hier! Es ist Jesus!" Die Menge wurde immer größer, so dass es kaum noch Platz am Ufer des Sees gab.

Ich sagte zu Petrus: „Frage, ob Ich in dem Boot dort stehen darf." Dabei deutete Ich auf ein Boot, das nahe am Ufer vertäut lag. Ein Fischer saß darin und säuberte Fische. Wenige Augenblicke später kam Petrus zurück und sagte: „Der Fischer meinte, es geht in Ordnung, wenn Dich der Geruch der Fische nicht stört. Ich selbst mag den Geruch." Offensichtlich erinnerte er sich gern an seine Tage als Fischer. Ich stieg zu dem Fischer ins Boot und sagte zu ihm: „Danke für deine Freundlichkeit. Es dauert nicht lange."

„Lass Dir Zeit, solange Du willst. Ich bin jetzt fertig, Du kannst gern mein Boot benutzen", sagte er in der aufrichtigen und freundlichen Art, wie sie vielen Fischern eigen ist. Er schickte sich an, aus dem Boot zu steigen, und so sagte Ich zu ihm: „Bleibe, wenn du möchtest." – „Ich werde bleiben, doch ich werde mit den anderen am Ufer stehen", entgegnete er und zeigte damit, dass er keine Vorteile erwartete. Ich lächelte ihm zu und sagte sanft: „Ich danke dir."

Ich stand in dem Boot und begann: „Wie viele von euch kommen heute hierher, um Meine Worte zu hören? Wie viele kommen in der Hoffnung, geheilt zu werden?" Viele Stimmen aus der Menge antworteten. Dann fuhr Ich fort:

„Ich frage Mich, wie viele wohl kommen, weil sie Gott besser verstehen und Ihm näher kommen wollen? Es ist nicht wichtig, weshalb ihr gekommen seid – in Mir werdet ihr das heilende Wort Gottes finden, das euch die Liebe Gottes tiefer verstehen lässt. Ich bin hier, um den Frieden, die Freude und die Liebe Gottes in die Herzen und Seelen zurückzubringen, die auf der Suche nach Gott sind. Ich bin hier, um die Sehnsucht nach Gottes Liebe in die Herzen und Seelen zurückzubringen, die keine Sehnsucht mehr hatten. Ich bin hier, um allen die barmherzige Vergebung Gottes zu bringen, die danach suchen. Es ist nicht wichtig, weshalb ihr gekommen seid. Ihr sollt nur wissen: Alles, was ihr in Liebe sucht, das werdet ihr in Mir finden."

Die Menge war still. Ein Gefühl gespannter Erwartung lag in der Luft, als Ich sagte: „Wollt ihr geheilt werden, bittet Gott darum. Wollt ihr Vergebung erlangen, bittet Gott darum. Wollt ihr geliebt werden, bittet Gott darum. Findet alles Gute und Hoffnung in Gott!" Ich stieg aus dem Boot und kam ans Ufer, während aus der Menge die üblichen Rufe ertönten: „Jesus, heile mich! Jesus, berühre mich!"

Petrus und Meine Jünger brachten die Menschen dazu, zu Mir zu kommen, ohne einen Tumult auszulösen. Ich sagte zu Petrus: „Es sind so viele. Ich möchte gern, dass die Zwölf helfen." Innerhalb weniger Augenblicke waren sie bei Mir. Ich erhob Meine Hände und sprach über ihnen ein Gebet, dass Meine heilende Kraft, die heilende Kraft Gottes, sie erfülle. Beinahe vier Stunden später waren wir fertig, und viele waren geheilt worden. Ich war müde und sagte zu Petrus: „Wir sollten ausruhen."

Judas kam herbei: „Herr, die Menge war heute großzügig. Wir könnten ein Zimmer mieten", schlug er vor. Ich schaute ihn an und wusste, dass er mit niemandem gebetet, sondern statt dessen fleißig Geld eingesammelt hatte. Wie traurig, dass Geld vor der Hilfe für andere kommt! „Ich werde in dem Boot schlafen“, entgegnete Ich dem enttäuschten Judas. Petrus meinte: „Ich komme mit, Herr, wenn Du nichts dagegen hast.“ – „Du bist willkommen, Mein Freund“, entgegnete Ich.

Als wir zum Boot kamen, saß der Fischer darin. „Würde es dir etwas ausmachen, wenn wir uns in deinem Boot schlafen legen, Freund?“, fragte Petrus. „Nein, das macht mir gar nichts aus, doch morgen fahre ich früh hinaus zum Fischen“, antwortete er. Ich sah die alte Leidenschaft zu fischen in Petrus' Augen, daher sagte Ich: „Vielleicht könnte Petrus morgen mitkommen?“ – „Wenn er will, kann er das. Mir ist die Hilfe willkommen“, meinte der Fischer. „Ja, bitte, es würde mich freuen“, sagte Petrus aufgeregt. Bevor der Mann das Boot verließ, sagte Ich zu ihm: „Heute fing Ich viele Fische, das wirst du morgen auch.“ Er nickte und ging, ohne zu verstehen, was Ich meinte.

Am nächsten Morgen, nachdem Petrus und der Fischer mit dem Boot zum Fischen hinausgefahren waren, ging Ich betend am Ufer entlang. Ich schaute auf den See hinaus und sah Meinen Vater vor Mir, Sein Spiegelbild leuchtete auf dem Wasser. Jede Welle, die ans Ufer schlug, war wie eine Welle von Vaters Liebe, die Mich erfüllte. In der Ferne sah Ich Petrus und den Fischer die Netze einziehen, prall gefüllt mit Fischen. Ich lächelte in Gedanken daran, wie viele Seelen Petrus in Zukunft in Meinem Netz der Liebe fangen würde.

Matthäus kam zu Mir: „Herr, darf ich Dich begleiten?“ – „Selbstverständlich, Mein Freund“, antwortete

Ich erfreut. „Herr, ich hatte eine unruhige Nacht. Ich habe kaum geschlafen“, erklärte Matthäus. „Was hat dich beunruhigt, Mein Freund?“, fragte Ich teilnahmsvoll, obwohl Ich wusste, was er sagen würde.

„Herr, ich sah, wie Judas das Geld aufteilte und einen Teil davon unweit von hier vergrub. Warum tut er das? Ich verstehe ihn nicht“, fragte Matthäus.

„Mein Freund, mach dir keine Gedanken darüber, denn sonst lenkt es dich ab von deinen Gebeten und deiner Liebe zu Gott, und es nagt an deinem Vertrauen in andere Menschen. So springt die Sünde vom einen auf den anderen über, um ihn zu zerstören. Reagiere in Liebe, und erkenne, dass der Sünder in einem Netz des Bösen gefangen ist. Bete für die Sünder, biete ihnen Hilfe an! Verurteile sie nicht! Dann wirst du sehen, dass die Sünde dich nicht zu fassen bekommt und dich nicht von deinem Leben in Gott ablenkt“, schlug Ich Matthäus vor.

„Ja, Herr. Ich erkenne, wie sehr mich das beschäftigt und mir Gedanken des Zorns und der Verurteilung eingegeben hat. Obwohl es schwer ist, keine solchen Gedanken zu haben, wenn man sieht, wie jemand sich schlecht benimmt“, sagte Matthäus. „Weil sie sich schlecht benehmen, bedeutet das nicht, dass du ebenso reagieren sollst. Dies ist eine Falle des Bösen. Liebe, vergib und verstehe! Dann versuche, den Personen dabei zu helfen, ihre Sünden zu erkennen und sie zu überwinden. Gib ihnen dazu so viele Gelegenheiten, wie nötig sind“, sagte Ich.

„Wenn sie aber weiter sündigen und keine Anzeichen der Reue zeigen, was dann, Herr?“, fragte Matthäus, betroffen darüber, wie viel Hilfe Judas angeboten worden war, die er jedoch nicht angenommen hatte. „Dann wende dich nicht von *ihnen* ab, sondern von ihrer Sünde. Vergiss nicht, dass alle Menschen Gottes Kinder sind, so wie du, und hilf ihnen weiterhin", erklärte Ich.

„Aber einige Menschen hören einfach nicht zu", sagte er. „Das ist ihre Entscheidung, so wie es deine Entscheidung ist zu helfen oder nicht. Wenn sie die falsche Entscheidung treffen, solltest du es dann auch tun? Wenn du weiterhin tust, was recht ist, kann es sein, dass die Person es eines Tages merkt und sich ändert. Es liegt aber an dir, weiterhin Liebe und Vergebung zu zeigen in der Hoffnung und im Vertrauen auf Gott, dass die Person sich ändern wird", erwiderte Ich. „Das ist schwer, Herr", sagte Matthäus.

„Es ist nicht leicht, Meinen Weg zu gehen, doch es ist der einzige Weg, der zum Himmel führt", sagte Ich. Wir gingen eine Weile schweigend, dann fragte Matthäus: „Und wenn die Person sich nicht ändert, was dann?" – „Dann hat sie freiwillig den Lohn gewählt, der sie im Tod erwartet. Der Lohn der Sünde ist ewiges Leiden, der Lohn der Liebe ist ewiges Leben", erwiderte Ich und sah vor Mir all jene, die in der Sünde lebten und weder bereuten noch die Liebe und Vergebung annahmen, und Ich sah das Leiden, das sie erwartete. Dann sah Ich jene, die sündigten und bereuten, die Vergebung suchten und in die Freude des ewigen Lebens im Himmel eingingen. Ich sagte zu Matthäus: „Liebe immer, vergib immer und biete anderen immer deine Hilfe an! Auf diese Weise rettest du die Seelen vor dem ewigem Leiden."

Später kehrte Petrus mit dem Fischer zurück, der aus seinem Boot sprang, sobald es das Ufer erreichte, und aufgeregt auf Mich zugelaufen kam. Der Fischer rief laut: „Ich habe noch nie so viele Fische gesehen! Du hattest recht, als Du sagtest, dass ich heute viele Fische fangen würde. Wie konntest Du das wissen?“ Ich schaute ihn an und sagte lächelnd: „Ich wusste es einfach.“

Petrus sah sehr glücklich aus und meinte: „Mir machte das Fischen wirklich Freude. Es rief Erinnerungen wach.“ Der Fischer ging zu seinem Boot und brachte Mir einen großen Korb voller Fische. „Hier, nimm diese! Das gibt eine gute Mahlzeit“, sagte er. Dann ging er mit Petrus zurück zu seinem Boot, und beide begannen, die Fische in Körbe zu legen. Ich war glücklich, dass Petrus sich freute und der Fischer die Gesellschaft von Petrus genoss.

Jakobus und Johannes kamen und nahmen Mir den Korb ab mit den Worten: „Der ist schwer. Lass uns den Korb für Dich tragen, Herr.“ Ich folgte ihnen bis hinüber zu unserer Feuerstelle und meinte: „Jetzt ein paar warme Fische – das wäre schön!“ Andreas, der dabei stand, sagte: „Ich werde sie zubereiten, Herr. Setze Dich und ruhe ein bisschen aus.“

Kurz darauf saß Ich vor einem Mahl aus wunderbaren frischen Fischen, die fast auf Meiner Zunge zergingen. Mit vollem Magen legte Ich Mich anschließend nieder und schlief ein.

Eine große Menschenmenge weckte Mich auf, die gekommen war, um Mich zu sehen. Die Leute riefen, Ich solle zu ihnen sprechen. Ich erhob Mich, stellte Mich auf einen umgedrehten Korb, erhob Meine Hände und bat die vielen Stimmen, die Mich umgaben, um Stille. Die Menschen lagerten sich und wurden still, und Ich sprach zu ihnen: „Gestern wurden viele geheilt, und so sind es heute noch mehr, die Heilung suchen. Ihr sollt wissen, dass die heilende Kraft Gottes grenzenlos ist. Es spielt keine Rolle, wie viele darum bitten, es gibt mehr als genug davon. Gottes Kraft ist zeitlos, Gottes Kraft ist grenzenlos, Gottes Kraft ist Liebe. Öffnet eure Herzen und bittet in der Wahrheit und in demütiger Liebe, und Gott wird euch antworten."

„Ich bin geheilt, ich kann sehen!", rief ein Mann, der blind gewesen war. Alle drehten sich um zu ihm, und er sagte: „Ich bat Gott, wie Jesus es sagte. Ich bat, und nun kann ich sehen. Preist Gott – danke, Jesus!" Da ertönte ein anderer Ruf von einer behinderten Frau: „Meine Beine, meine Beine! Schaut, sie sind gerade! Ich kann richtig gehen! Schaut mich an!", rief sie und drehte sich voller Freude im Kreis. „Preist Gott, preist Gott!", rief sie immer wieder. Bald priesen viele Gott mit lauter Stimme und dankten Mir für die Heilungen, die eben geschehen waren.

Es wurde dunkel, und die Menge zerstreute sich. Philippus kam zu Mir und sagte: „Herr, Du hast sie nicht einmal berührt und sie wurden geheilt!"

„Sie wurden geheilt, weil sie ihre Herzen Gott öffneten und glaubten, dass Gott sie heilen würde", erklärte Ich. „Dann muss ihr Glaube stark sein, Herr", bemerkte Philippus.

„Ihr Glaube ist gleich wie der Glaube der meisten Menschen – manchmal schwächer, manchmal stärker. Der Unterschied heute war, dass sie ihre Herzen öffneten und Gott wirklich einluden, sie mit Seiner Liebe zu erfüllen. Niemand, der heute hier geheilt wurde, verlangte von Gott irgendetwas. Sie öffneten nur ihre Herzen und ließen Gottes Willen geschehen. Wenn nur alle Menschen dies tun würden, wäre die Welt frei von Schmerz und frei von Sünde", sagte Ich.

Petrus und Jakobus kamen zu uns, und Petrus fragte: „Bist Du müde, Herr?" – „Nein, Mein Freund. Vielleicht können wir eine Weile in die Synagoge gehen", antwortete Ich. Dann gingen wir zu viert zur Synagoge, um zu beten, während der Rest Meiner Jünger ihr Abendmahl zubereitete.

Konfrontiert mit Barmherzigkeit 7. Januar 1997

In der Synagoge war es ruhig. Nur ein paar Menschen beteten dort still für sich oder lasen in der Heiligen Schrift. Ich setzte Mich und öffnete Meinem Vater im Himmel Mein Herz. Nun konnte Ich alle Gebete, die in diesem Moment in der Synagoge gesprochen wurden, fühlen und innerlich hören. Ich sah die Liebe, die Hoffnung, die Verzweiflung und die Bitten um Vergebung, die vor Gott gebracht wurden.

In der Dunkelheit der Synagoge – sie war nur von wenigen Lampen und Kerzen erhellt – saß vornübergebeugt ein Mann, der sich vor und zurück wiegte. In seine Gebete vertieft, schien er niemanden zu bemerken. Er bat Gott, ihm zu vergeben und ihm zu helfen. Ich ging, setzte Mich neben ihn und sagte sanft: „Mein Freund, Gott vergibt dir und bietet dir Seine Hilfe an." Er hielt inne, drehte sich zu Mir und schaute Mich überrascht an. „Was meinst Du? Woher weißt Du, was ich von Gott erbitte?", fragte er.

„Das Leben erreicht manchmal einen Punkt, an dem es so schlecht geht, dass man sich fragt, ob es überhaupt noch lebenswert ist. Manchmal betrachten die Menschen das Unrecht, das sie in ihrem Leben begangen haben, und fragen sich: Wie konnte ich das nur tun? Wie konnte ich so sündigen? An diesem Punkt fangen sie oft an, sich für wertlos zu halten. Sie meinen, eine Beleidigung für Gott zu sein und das Recht auf Leben verwirkt zu haben", sagte Ich sanft zu ihm.

„Wieso weißt Du so viel über mich?", fragte er erstaunt.

„Gehen wir nach draußen, um zu reden", schlug Ich vor und erhob Mich, und der Mann folgte Mir. Als Ich an Petrus vorüberging, schaute er Mich an, als ob er fragen wollte: „Ist alles in Ordnung?" Ich nickte und lächelte ihm zu. So blieb er, wo er war. Draußen kam der Mann zu Mir und fragte: „Wieso kennst Du alle meine Gedanken?"

„Mein Freund, Ich sehe in dein Herz. Ich sehe, wie du gesündigt hast. Wie du dich fragst, weshalb du das getan hast, und wie du versprichst, nicht mehr zu sündigen. Ich sehe einen Mann voll von Wein, einen Mann, der Wein liebt und dem es schwer fällt, sich aus dessen Umklammerung zu lösen. Ich sehe, dass er frei sein will, denn er kennt die Sünden, die er unter Einfluss des Weines begeht. Er erkennt, wie wütend er wird, wie gewalttätig und beleidigend er sich anderen gegenüber verhält, wenn er betrunken ist, wie er jede Frau als ein Objekt ansieht – ja, sogar seine eigenen Töchter. – Ich sehe, wie er seine Frau gezwungen hat, seinen Willen zu akzeptieren, was auch immer es sei.

Nachdem er ein Kind mit seiner eigenen Tochter gezeugt hatte, wollte er dieses Kind töten, weil es ihn an seine Sünde erinnerte. Als seine Tochter sich weigerte, das zu tun, was ihr Vater und ihre Mutter verlangten, schlug er seine Tochter, um das Kind in ihr zu töten. Ich sehe, wie seine Tochter von zu Hause weglief, um ihr Kind behalten zu können, und wie diesem Mann die Sünden jetzt vor Augen stehen, die er begangen hat und für die er die Vergebung Gottes sucht. Und er bittet darum, dass seine Tochter nach Hause kommt."

Ich hielt einen Augenblick inne und schaute den Mann an, der nicht fassen konnte, was er hörte, und vor Scham rot angelaufen war. „Ich – ich – ich", stotterte er. Er fand keine Worte, daher sagte Ich: „Ich schaue in dein Herz und sehe: Ja, du warst ein Sünder. Ja, du warst schwach und in der Sünde gefangen. Ja, du warst vom Wein verführt, der das Schlimmste in dir hervorbrechen ließ. Ja, du warst eine Beleidigung für Gott und die Menschen. Ja, du hast so viele Menschen, die du liebst, misshandelt, um deine eigenen Wünsche zu befriedigen. Ja, so warst du", sagte Ich, und der Mann weinte bitterlich.

Er fiel auf die Knie und fragte: „Wie kann Gott mir je vergeben? Was habe ich getan! Wie kann ich weiterleben? Meine Tochter, meine arme Tochter! Gott, vergib mir!"

„Gott kann dir vergeben, denn Seine Barmherzigkeit ist grenzenlos. Gott wird jede Sünde vergeben, wenn man in Wahrheit und Liebe darum bittet. Nun hast du die Gelegenheit zu bereuen, Vergebung zu erlangen und dich zu ändern. Es liegt an dir, was von nun an in deinem Leben geschieht. Du bittest Gott um Vergebung. Du schaust in dich, und deine Sünden tun dir wirklich leid. Du erkennst, wie du andere verletzt hast, und dir tut es leid. Nun, dies ist der Anfang.

Ändere jetzt dein Leben! – Opfere jeden Tag Gott auf in Liebe und zur Buße! Trinke keinen Wein mehr, sündige nicht mehr und führe ein Leben nach Gottes Geboten! Gehe und bitte diejenigen, die du verletzt hast, um Vergebung. Sage ihnen, dass es dir wirklich leid tut und dass du ihnen nicht mehr weh tun wirst. Prüfe dich jeden Tag! Erkenne deine Schwächen, deine Sünden und bitte Gott um die Kraft, sie in Seiner Liebe zu überwinden", sagte Ich.

Der Mann weinte nun um so mehr und sagte: „Wie kann ich es meiner Tochter sagen? Sie ist fortgegangen, und ich weiß nicht, wo sie ist." Tränen strömten über sein Gesicht, und Speichel rann aus seinem Mund, während er schluchzte: „Was kann ich nur tun?"

„Deine Tochter und ihr Kind, dein Kind, ruhen jetzt in Frieden. Sie haben den letzten Schritt getan, der sie in die ewige Freude in Gott führt", sagte Ich traurig.

„Sind sie tot?", rief er. „Sind sie tot?" – „Ja, Mein Freund, sie sind tot", erwiderte Ich. „O nein – o nein – Gott, vergib mir!", rief er weinend, während er noch auf dem Boden kniete. „Was habe ich getan – was habe ich bloß getan!"

Ich legte ihm Meine Hand auf die Schulter und sagte: „Gott vergibt dir. Führe nun ein gutes Leben! Sorge jetzt für den Rest deiner Familie, wie du es solltest: in Liebe." – „Meine Tochter ...", rief er verzweifelt.

„Sie ist jetzt im Frieden, und sie vergibt dir. Nimm Gottes Vergebung an, und nimm die Vergebung deiner Tochter an! Leiste von nun an Sühne für die Sünden, die du begangen hast", sagte Ich.

„Wie kann ich das – wie kann ich das, nach all dem, was ich getan habe? Meine wunderschöne Tochter! Gott, vergib mir!", flehte er weiter. „Gott vergibt dir wirklich und bittet nur darum, dass du von nun an für das Gute und in Seiner Liebe lebst", sagte Ich.

Er weinte noch immer. Da kam seine Frau, die mit seiner anderen Tochter auf der Suche nach ihm gewesen war, auf ihn zugelaufen. „Was ist los?“, fragte sie und hielt ihn fest. „Unsere Tochter ist tot, und ihr Baby auch“, antwortete er schluchzend. Die Frau sah aus, als ob sie in Ohnmacht fallen wollte, und auch sie begann zu weinen, so wie ihre Tochter. Ich sagte zu ihnen: „Im Leben habt ihr sie schlecht behandelt, im Tod vermisst und liebt ihr sie. Führt von nun an ein gutes Leben, um ihretwillen und um euretwillen! Erkennt euer Unrecht, bereut und nehmt die Vergebung an, die Gott euch anbietet.“

„Ich kann nicht! Ich habe sie getötet!“, rief der Mann, zog ein Messer aus seiner Tasche und richtete es auf sein Herz. „Ich muss für das bezahlen, was ich getan habe“, rief er wehklagend und wollte das Messer hineinstoßen.

„Nein, mein Mann! Bitte nicht! Ich liebe dich!“, rief seine Frau. „Vater, tue es nicht!“, rief seine Tochter, „ich liebe dich!“ Für einen Augenblick hörte er auf zu weinen, dann sagte er entschlossen: „Ich muss für meine Sünden bezahlen!“ Gerade als er zustoßen wollte, schaute Ich ihm in die Augen und sagte: „Dies ist keine Bezahlung, es ist nur ein größerer Schmerz für jene, die du hinterlässt.“

Er ließ das Messer sinken und schaute auf seine Frau und seine Tochter, die weinten und flehten. Dann sagte er: „Du hast recht. Sie würden nur noch mehr leiden.“ Er legte das Messer nieder und sagte: „Ich weiß, was ich tun muss. Ich werde mein Leben damit zubringen, für verlorene Kinder zu sorgen. Und in jedem verlorenen Kind werde ich meine Tochter und ihr Kind sehen. Ich verspreche, dass ich ab heute nicht mehr trinken werde. Ich werde Gottes Gebote befolgen, und alles, was ich tue, Gott als Buße aufopfern.“ Er wandte sich an seine Frau und seine Tochter: „Es tut mir so leid, vergebt mir!“ Sie umarmten ihn beide, und alle drei saßen weinend auf dem Boden.

„Halte dein Versprechen und hüte deine Seele", sagte Ich zu dem Mann, der zu Mir aufschaute. „Das tue ich, ich verspreche es, ich halte es", antwortete er. Ich schaute in sein Herz und wusste, dass er es halten würde.

In diesem Augenblick traten Meine Freunde aus der Synagoge. Sie standen da und schauten auf die Szene vor ihren Augen. Ich wandte Mich um und sagte: „Morgen verlassen wir diesen Ort, denn hier ist die Heilung getan." Gemeinsam kehrten wir zum Ufer des Sees zurück und überließen den Mann, seine Frau und die Tochter ihrer Trauer und dem neuen, vor ihnen liegenden Leben.

In der geistigen Wüste 8. Januar 1997

Als es Morgen wurde, machten wir uns bereit aufzubrechen. Der Fischer kam zu Mir und sagte: „Wenn Du gern auf die andere Seite des Sees möchtest, kann ich Dich dorthin bringen." – „Das wäre lieb von dir, Mein Freund", antwortete Ich lächelnd. „Das ist das Mindeste, was ich tun kann, nach all den Fischen, die ich gestern mit Petrus gefangen habe", sagte er. „Was ist mit all Meinen Jüngern?", fragte Ich. „Nun, etwa fünfzehn passen in mein Boot. Ich könnte zwei Mal fahren und ein weiteres Boot finden, das die anderen bringt", antwortete er begeistert. Ich schaute über den See und sagte lächelnd: „Das wäre schön. Ich danke dir."

Innerhalb kurzer Zeit war Ich mit den Zwölf, Matthias und Justus ins Boot gestiegen. Petrus und Andreas wirkten sehr glücklich, auf dem Wasser zu sein und dem

Fischer mit dem Boot zu helfen. Es dauerte beinahe eine Stunde bis zu dem Ort auf der anderen Seite des Sees.

Als der Fischer zurückfahren wollte, um Meine anderen Jünger zu holen, ging Ich zu ihm und sagte: „Es war eine Freude, die Wahrheit und Aufrichtigkeit in deinem Herzen zu sehen." – „Die Freude war ganz auf meiner Seite", entgegnete er. „Ich hörte Deine Worte und sie berührten mich. Sie berührten mich wirklich. Ich ging mit Petrus fischen und fand einen neuen Freund. Ich fing mehr Fische als jemals zuvor. Dass Du in meinen Ort gekommen bist, war ein Segen für mich." Ich schaute ihn an und wusste, dass seine Worte aufrichtig waren. Ich wusste, dass er ein Mensch war, in dem Gottes Liebe hell erstrahlte durch seine Freundlichkeit allen gegenüber und seine unschuldige, kindliche Aufrichtigkeit, die wie eine erfrischende Brise war.

„Judas", rief Ich. „Ja, Herr", sagte er und kam zu Mir. „Gib diesem guten Mann einige Münzen dafür, dass er uns über den See gebracht hat, und auch einige für seinen Freund", sagte Ich. „Wie viel macht das?", erkundigte sich Judas bei dem Fischer. „Du musst mich nicht bezahlen. Es war mir ein Vergnügen", sagte der Mann, und Judas schaute froh drein, bis Ich sagte: „Es ist Mein Geschenk an dich als Dank für das, was du getan hast."

„Du hast mir bereits so viel gegeben, ich kann nichts mehr annehmen", entgegnete der Fischer. „Ganz gleich, wie viel Ich gebe, immer habe Ich noch mehr auszuteilen", sagte Ich. Der Fischer schaute verwirrt, und Judas sah aus, als ob er nicht glauben könnte, was Ich sagte.

„Nimm dieses Geld und kaufe deiner Frau und deinen Töchtern ein kleines Geschenk von Mir", sagte Ich, während Judas zögernd einige Münzen in die Hand des Mannes legte. „Woher weißt Du, dass ich eine Frau und Töchter habe?“, fragte der Fischer. „Ich weiß es, so wie Ich auch weiß, dass deine Jüngste ihre Krankheit überstanden haben wird, bis du wieder zu Hause bist“, sagte Ich. „Woher weißt du das? Sie erkrankte erst letzte Nacht. Ein Insekt hat sie gestochen, und heute morgen hatte sie Fieber“, sagte er überrascht. „Ich weiß, und Ich weiß, dass du eine von Liebe erfüllte Familie hast, die eine Freude für Gott ist, gerade wie auch ihr Vater“, erklärte Ich.

„Ich danke Dir, Herr, danke!“, sagte er glücklich. Dann sprang er in sein Boot und legte ab. Petrus stand am Ufer und winkte ihm nach. „Er ist ein guter Mensch“, sagte Petrus. „Ja, er ist ein aufrichtiger, ganz gewöhnlicher Mann, der sein Leben nach der Wahrheit ausrichtet. Menschen wie er machen Mich glücklich“, erwiderte Ich.

„Aber er sprach kaum über Gott“, bemerkte Judas. „Wie kann er ein guter Mensch sein, wenn er nicht über Gott spricht?“ Ich wandte Mich zu Judas und sagte: „Wenn er zu Hause ist, betet er mit seiner Familie zu Gott. Er hält den Sabbat heilig, und er versucht, Gottes Gebote einzuhalten. Nur weil du ihn nicht beten siehst oder über Gott sprechen hörst, bedeutet das nicht, dass er es nicht tut. Oft führen Menschen ein gutes und heiliges Leben, ohne es öffentlich zur Schau zu stellen. Daran, wie sie leben, und an der Liebe in ihrem Leben kann man jedoch erkennen, dass sie Gott nahe sind. Manchmal sind jene, die ihre Heiligkeit zur Schau stellen, überhaupt nicht heilig. Manchmal sind diese Menschen voller Stolz, schnell beim Urteilen und langsam beim Vergeben. Heiligkeit kann nicht von Menschen beurteilt werden, sondern nur von Gott."

Petrus sah Mich an und sagte: „Du hast recht, Herr. Ich weiß, dass er ein guter Mensch ist; jeder Moment, den ich mit ihm zusammen war, war ein Geschenk." Judas schaute Petrus an, zuckte mit den Schultern, ging weg und verbarg den Beutel mit Münzen unter seinem Mantel.

„Petrus, wenn du einem Herzen nahe bist, das Gott liebt, kannst du es spüren. Und wenn du einem Herzen nahe bist, das Gott nicht liebt, kannst du es ebenfalls spüren. Denke daran und vertraue deinen Gefühlen", sagte Ich, um Petrus für sein künftiges Wirken einen Rat zu geben.

Petrus und Ich machten einen Spaziergang in den Ort, um die Synagoge zu suchen, in der wir beten wollten. Die Straßen waren voller Menschen, denn es war ein Marktflecken, der die Menschen aus den umliegenden Ortschaften anzog. Auch eine römische Garnison befand sich hier, und wir sahen immer wieder Gruppen römischer Soldaten.

An einer Stelle standen Soldaten bei einer Gruppe jüdischer Frauen, die bereit waren, jegliche Bedürfnisse zu befriedigen. „Wie können sie das nur tun?", fragte Petrus ein wenig angewidert davon, dass Juden sich so verhalten konnten.

„Tun denn die Hohepriester, die sich der Macht Roms beugen, etwas anderes?", fragte Ich. Petrus sah Mich an und sagte: „Ich denke nicht", doch Ich konnte sehen, dass es ihm immer noch missfiel, ein solches Verhalten jüdischer Frauen zu sehen.

„Manchmal verführt die Macht die Menschen, so wie diese Frauen. Sie fühlen sich von den Soldaten angezogen, weil die Römer die Stadt kontrollieren. Die Frauen meinen, für ihre Dienste eine besondere Behandlung und Belohnung zu erhalten. Die Hohepriester und viele Pharisäer sind nicht anders, doch da es im Namen der Religion geschieht, mag es anders erscheinen. Die Priester prostituieren sich für die Macht Roms, geradeso wie diese Frauen es tun. Wenn du diese Frauen ablehnst, dann musst du auch die Priester ablehnen."

Petrus dachte über Meine Worte nach und sagte: „Was kann man denn tun, Herr?" – „Dasselbe, was Ich dich bitte, für alle Menschen zu tun: Bete für sie, damit sich ihre Herzen Gott öffnen, dass sie bereuen und die Vergebung suchen. – Und Ich bitte dich, bete auch darum, dass *du* ihnen vergeben kannst. Denn wenn du jemandem nicht vergibst, setzt du der Liebe Gottes in deinem Herzen Hindernisse entgegen", erklärte Ich. „Ich werde es versuchen, Herr", sagte Petrus. „Das ist alles, worum Ich bitte, dass du es versuchst", erwiderte Ich, während wir uns weiter auf die Suche nach der Synagoge machten.

Die Synagoge war voller Menschen, die einem Rabbi zuhörten: „Und als Moses das Volk durch die Wüste führte, gab Gott alles, was sie brauchten – Speise, als sie hungrig waren, Wasser, als sie durstig waren und Ruheplätze, als sie müde waren. Gott zeigte dem Volk Israel, dass Er mit ihm war und es liebte. Selbst als das Volk sich von Gott ab- und falschen Göttern – Götzen – zuwandte, hielt Gott an Seiner Liebe fest und vergab ihnen.

Wenn Gott heute auf Israel schaut, sieht Er, wie wir uns von Ihm abgewandt haben: abgewandt, um unser Leben nach dem Willen anderer auszurichten statt nach dem Willen Gottes. Abgewandt, um nur an uns selbst zu denken, nicht an Gott. Abgewandt, hin zu den Vergnügungen der Welt, nicht zu Gott. Wenn Gott heute auf Israel schaut, bietet Er uns – wie damals in der Wüste – Seine Liebe und Seine Vergebung an. Heute befinden wir uns in einer geistigen Wüste, die einzigen Oasen scheinen die der Macht, des Stolzes und der Selbstsucht zu sein. Auch heute bietet uns Gott, so wie damals in der Wüste, das Wasser an, das wir brauchen, um unsere Seelen zu erfrischen, die Speise, die wir brauchen, um unseren Geist zu stärken. Auch heute liebt uns Gott, und heute – wie gestern – bittet uns Gott im Gegenzug nur um unsere Liebe." Er beendete seine Rede und wartete auf Fragen.

„Du sagst, dass wir uns in einer geistigen Wüste befinden. Aber sieh doch: Viele von uns sind hier", sagte ein Pharisäer.

„Dass ihr hier seid, bedeutet nicht, dass ihr nicht auch in einer geistigen Wüste lebt. Wie viele sind gekommen, um gesehen zu werden, um kluge Bemerkungen zu machen und so von anderen respektiert zu werden oder weil es ihrem Ruf förderlich ist? Ich frage mich, wie viele von euch hierher kommen, weil ihr Gott liebt?", gab der Rabbi zurück.

„Wer bist du, uns zu verurteilen?", fragte jemand. „Ich verurteile euch nicht, denn das kann ich nicht; das kann nur Gott. Ich bitte euch, auf euch selbst zu schauen und zu erkennen, wie ihr wirklich seid. Wenn ihr Gott nicht nahe seid, so versucht, Ihm näher zu kommen", antwortete der Rabbi.

„Wo hast du das alles gelernt, Rabbi?", fragte ein gelehrt aussehender Mann. „Eines Tages hörte ich einen Mann sprechen. Seine Worte entflammten mein Herz, es waren Worte wie von Gott. Als ich Seinen Worten lauschte, öffnete sich mein Herz einem tieferen Verständnis der Heiligen Schrift", sagte der Rabbi.

„Wer war dieser Mann?", wollte der Gelehrte wissen. „Es war Jesus, Jesus von Nazaret", antwortete der Rabbi. Mein Name verbreitete sich wie ein Lauffeuer unter den Menschen dort. „Jesus." – „Jesus." – „Jesus." Der Rabbi fuhr fort: „Ich wünschte nur, ich hätte Ihn gesehen, doch es genügte, Seine Stimme zu hören."

Petrus flüsterte Mir zu: „Herr, ist er blind?" Ich erhob Meine Stimme: „Deine Gebete werden beantwortet werden, Rabbi." – „Wer ist das? Weshalb klingt er wie Jesus?", fragte der Rabbi. Alle wandten sich nach Mir um, da sagte der Rabbi: „Ich kann sehen, ich kann sehen! Es ist ein Wunder!" Ich sah ihn an und sagte: „Du warst innerlich niemals blind, jetzt bist du es auch äußerlich nicht."

„Jesus, ich kann Dich sehen! Ich danke Dir, ich danke Dir!", sagte er, kam und ergriff Meine Hand. Bald begannen die Menschen in der Synagoge, viele Fragen zu stellen, und kaum hatte Ich eine beantwortet, wurde Mir eine andere und wieder eine andere gestellt.

Ein Pharisäer fragte: „Heilst Du durch die Kraft Gottes?" – „Ich heile durch die Kraft Meines Vaters im Himmel", sagte Ich. „Wer ist Dein Vater?", fragte ein anderer. „Er ist der Gott Israels", erwiderte Ich. „Welch eine Gotteslästerung!", rief ein anderer Pharisäer aus. „Er sagt, Sein Vater sei Gott!"

Der Rabbi warf ein: „Ist Gott nicht unser aller Vater?" Einen Augenblick herrschte Stille, dann fragte ein anderer: „Wer bist Du? Bist Du ein Prophet? Bist Du der Messias? Wer genau bist Du?" – „Ich bin eins mit dem Vater", entgegnete Ich. „Gotteslästerung, Gotteslästerung!", riefen die Pharisäer. Einige zerrissen sogar ihre Kleider. Petrus sagte: „Wir sollten gehen, Herr." Die Menschen drängten sich um Mich, brüllten Mich an und schubsten Mich.

Der Rabbi rief laut: „So benimmt man sich nicht in einer Synagoge! Habt ihr vergessen, Er hat mich geheilt!" Die Menge beruhigte sich, und der Rabbi sagte zu Mir: „Schnell fort, mein Freund!" Als Petrus und Ich auf die Straße traten und uns auf den Weg zurück zum Ufer machten, konnten wir die Diskussion hören, die in der Synagoge wieder anhub. Petrus meinte: „Sie haben das Wunder, das Du gewirkt hast, aber schnell vergessen." – „Ja, Mein Freund, und leider wird es in Zukunft noch viele wie diese geben", sagte Ich und dachte daran, wie viele das Wunder des Kreuzes nicht anerkennen würden.

Die Geißelung 9. Januar 1997

Auf dem Rückweg zum See kamen wir an einem römischen Lager vorüber. Von innen konnten wir das Klatschen einer Geißel hören, gefolgt von einem Schrei, als sie ins Fleisch einschnitt. Wir mischten uns unter die Menge, die sich angesammelt hatte, um einen jungen Mann zu sehen, der an einen Pfahl gebunden von römischen Soldaten gegeißelt wurde. Der Mann war beinahe ohnmächtig, doch jedes Mal, wenn die Geißel in sein Fleisch einschnitt, gab er einen Schrei von sich, der immer schwächer wurde. Die römischen Soldaten machten sich lustig über den Schmerz des Mannes und fanden darin eine Form der Unterhaltung. Einer der Römer, der den jungen Mann geißelte, rief laut: „Judenschwein!"

Petrus sah Mich an und sagte: „Sie werden ihn umbringen, wenn sie nicht aufhören, Herr." – „Sie werden jetzt aufhören", sagte Ich traurig und dachte an das Leiden, das dieser Mann durchgemacht hatte und das auch Mir bevorstand. In diesem Augenblick trat ein Zenturio, den Ich als den Mann erkannte, der in einem Dorf wegen eines toten Kindes geweint hatte, auf den Platz, wo die Geißelung stattfand.

„Aufhören!", bellte er. „Lasst ihn frei! Er hat genug. Wer hat dies angeordnet?" Ein grob aussehender Soldat trat vor und sagte: „Er beleidigte Rom, so war es unsere Pflicht, ihm eine Lehre zu erteilen." – „Ich fragte, wer dies angeordnet hat, nicht nach dem Grund!", schnauzte der Offizier. „Ich als Oberlegionär tat es", antwortete der Soldat in Habachtstellung. „Dazu hast du keine Befugnis. Warum hast du dich nicht an einen Offizier gewandt?", fragte der Zenturio mit strenger Miene. „Ich dachte, es sei unsere Pflicht, die Ehre Roms zu verteidigen", war die nun kleinlaute Antwort des Soldaten.

Der Zenturio ging hinüber zu dem jungen Mann, der auf dem Boden lag, und hob sanft seinen Kopf. „Ihr habt ihn fast umgebracht!", rief er. „Was war sein Vergehen?" – „Er sagte, er wünschte, die Römer würden zurück nach Rom gehen und sein Land in Frieden lassen", sagte der Soldat. „Wie viele von euch haben das gehört?", fragte der Offizier. Alle Soldaten bestätigten es.

„Ja, doch er sagte das, weil sie ohne zu bezahlen Waren von seinem Tisch genommen und den Tisch dann umgeworfen haben, so dass alle seine Waren auf dem Boden verstreut lagen", rief jemand aus der Menge.

„Stimmt das?", blaffte der Zenturio, der so dicht vor dem Soldaten stand, dass er mit seinem Gesicht beinahe das des Soldaten berührte. Dieser gab keine Antwort, so rief der Zenturio: „Stimmt das? Antworte!“ – „Jawohl“, erwiderte der Soldat und schaute ein wenig unbehaglich. „Ihr stehlt seine Waren, dann werft ihr den Rest auf den Boden. Und weil er sich darüber aufregt, schlagt ihr ihn beinahe tot! Ist das die Art, wie ein römischer Soldat sich benehmen soll?“

„Aber es sind Juden, und seine Exzellenz, der Gouverneur, sagt, wir müssen streng sein und sie unter Kontrolle halten“, sagte der Soldat. „Glaubst du, dies wird sie ruhigstellen? Dies wird nur Groll und Hass hervorrufen, du Idiot! Ich bin hier verantwortlich, vergiss das ja nie! Versorgt die Wunden dieses Mannes! Ich werde jedem von euch einen Wochenlohn streichen und ihn diesem Mann als Entschädigung geben. Dass dies nicht noch einmal vorkommt, verstanden!“, rief der Offizier allen anwesenden Soldaten zu, die einstimmig antworteten: „Jawohl!“

„Und du“, sagte der Offizier zu dem Soldaten, der die anderen angeführt hatte, „wenn du noch einmal solchen Ärger machst, wirst du es sein, der gegeißelt wird. Habe ich mich verständlich ausgedrückt?“ – „Jawohl“, gab der Soldat scharf zurück. Der Offizier ging, und mit wütendem Gesichtsausdruck hievten die Soldaten den jungen Mann auf die Füße und gossen ihm einen Kübel Salzwasser über den Rücken. Dann brachten sie ihn zur Menge und legten ihn in die Arme der Zuschauenden.

Petrus sagte: „Diesen Offizier haben wir schon einmal getroffen, Herr.“ – „Ja, Ich erinnere Mich. Damals wie heute zeigte er, dass er sich um andere kümmert, dass unter seiner harten Schale ein Herz ist, das Wahrheit, Gerechtigkeit und Ehre sucht. Eines Tages wird dieses

Herz durchbrechen, und er wird sein wahres Ich zeigen", sagte Ich und dachte daran, wie dieser Mann einmal nach Rom zurückkehren und einer neuen Religion anhängen würde, die Christentum genannt wird.

„Er scheint irgendwie gerecht zu sein", sagte Petrus, „und er hasst die Juden nicht." – „Er hasst niemanden", sagte Ich und wünschte, alle wären so. Ich ging zu dem gegeißelten Mann hinüber, der weggetragen wurde. Ich berührte seinen Rücken und sagte: „Der Schmerz wird bald weg sein, doch die Narben werden bleiben."

„Was meinst Du damit, der Schmerz wird bald weg sein? Er hat fünfundzwanzig Geißelhiebe bekommen. Sie haben ihn beinahe umgebracht!", sagte ein Mann aufgebracht. In diesem Moment öffnete der gegeißelte Mann die Augen und sagte schwach: „Der Schmerz lässt nach, aber ich bin so erschöpft." – „Lasst ihn sich ausruhen. Wenn er aufwacht, wird er keine Schmerzen mehr haben", sagte Ich zu denen, die ihn trugen. „Es ist unglaublich, seine Schmerzen lassen bereits nach", bemerkte der Mann, der gezweifelt hatte. „Du hattest recht. Kommt", sagte er zu den anderen, „bringen wir ihn heim!"

Nachdem sie gegangen waren, setzten wir unseren Weg zum See fort, wo sich inzwischen alle Meine Jünger eingefunden hatten. Ich rief sie zusammen und sagte: „Ich will, dass ihr in die Dörfer geht und das Wort Gottes über die Liebe und Vergebung verkündigt. Ich will, dass ihr Meine heilende Liebe zu allen bringt und allen Liebe erweist. Die Zwölf werden bleiben, aber all ihr anderen, geht und tut Meinen Willen! Ihr werdet dann sehen, wie die Liebe Gottes sich über das Land ausbreitet und wie Seelen gerettet werden."

„Aber wie können wir das ohne Dich?“, rief einer. „Ich werde mit euch sein, wo immer ihr auch seid. Und wenn ihr Meinen Namen anruft, wird Meine Liebe durch euch fließen“, erklärte Ich: „Habt keine Angst! Vertraut Mir, und seid in Mir geborgen!“

„Wo werden wir Dich wieder treffen, Herr?“, fragte Matthias. „Außerhalb von Jerusalem. Stoßt dort zu Mir. Dann werden wir gemeinsam das Fest feiern und uns über all die wunderbaren Dinge austauschen, die ihr in Meinem Namen tun werdet.“

Im Lauf der nächsten zwei Stunden teilten sich Meine Jünger und ihre Wege trennten sich. Petrus fragte: „Wird bei ihnen alles gut gehen, Herr?“ – „Natürlich, Mein Freund, denn Ich bin immer mit ihnen“, entgegnete Ich. Dann machten sich die Zwölf und Ich auf den Weg, um in der Stadt eine Übernachtungsmöglichkeit zu finden.

Es kommt auf die Absicht an 10. Januar 1997

Wir kamen zu einem gut besuchten Gasthaus, in dem gegessen und getrunken wurde. Judas sprach mit dem Besitzer, und es stellte sich heraus, dass es gerade noch genug Platz für uns gab, wenn wir uns die Räume teilten. Es würde ziemlich eng werden, doch der Besitzer meinte, nur mit sehr viel Glück würden wir irgendwo anders Zimmer finden, da die Stadt wegen der Märkte sehr bevölkert war.

Nachdem wir unsere Habe in den Räumen gelassen hatten, setzten wir uns an einen großen Tisch, an dem acht von uns bequem Platz hatten. An einem kleineren Tisch fanden die anderen fünf Platz. Uns wurde ein hiesiges Fischgericht mit Brot und Wein serviert, das uns allen gut schmeckte. Nachdem wir fertig gegessen hatten, saßen wir an den Tischen und unterhielten uns eine Weile.

Judas (nicht Iskariot) fragte Mich: „Herr, wie kommt es, dass eine einfache Mahlzeit wie diese manchmal sättigender und köstlicher ist als die besten Speisen?" – „Wenn du Hunger hast, schmeckt alles gut", warf Judas Iskariot mit einem Lächeln ein und lehnte sich mit vollem Magen in seinem Stuhl zurück.

„Ob man ein Mahl genießt oder nicht, hängt davon ab, ob man das schätzt, was einem vorgesetzt wird. Diejenigen, die die feinsten Speisen haben, können diese oft nicht genießen, da in ihren Herzen kein Dank dafür ist. Heute Abend waren wir dankbar für diese Mahlzeit, und wenngleich es nicht wie ein Festessen aussah, so war es doch eines, weil wir das schätzten, was wir bekamen.

Mit der Liebe Gottes verhält es sich genauso. Manchmal werden diejenigen, die meinen, Gott zu lieben, undankbar für das, was Gott ihnen gibt. Sie haben sich daran gewöhnt, Gott zu lieben. Sie betrachten Seine Gaben als etwas, das wenig Aufmerksamkeit erfordert, als etwas, das ihnen immer sicher ist, warum sollten sie sich also viel damit beschäftigen. Sie nehmen routinemäßig an den Zeremonien und Riten teil, doch in Wirklichkeit bedeuten ihnen diese wenig.

Dann gibt es diejenigen, die Gott lieben, so gut sie es vermögen. Sie können vielleicht nicht so oft an den Zeremonien teilnehmen. In den Augen der anderen scheinen sie nicht viel zu beten, doch sie kommen im Gebet zu Gott, sooft sie es können, und sie erfreuen sich an den Gebeten und schätzen sie. Sie halten den Sabbat heilig und sehen darin eine Möglichkeit, Gott für Seine Liebe zu danken.

Sie lieben Gott und genießen die Zeit, die sie mit Ihm verbringen können, auch wenn sie manchmal kurz sein mag. Weil sie Gottes Liebe schätzen, ist es für sie wie ein Fest", gab Ich zur Antwort.

„Herr, bedeutet dies, dass diejenigen, die viel Zeit in den Synagogen verbringen, vielleicht vergessen oder nicht verstehen, warum sie dort sind?", fragte Andreas. „Ja, Mein Freund, dies kann vorkommen. Manchmal tun sie einfach ihre Pflicht. Es wird für sie zur Routine, in die Synagoge zu gehen. Es ist ein tägliches Ritual, in dem keine wahre Liebe zu Gott steckt", erwiderte Ich.

„Sollten die Menschen dann nicht so häufig gehen?", fragte Thomas zweifelnd. „Nein, das meine Ich nicht. Was Ich sage ist: Lasst eure Gebetszeit in der Synagoge nicht zu einer Routine werden, in der die Liebe zu Gott fehlt. Geht oft dorthin, doch geht aus Liebe, nicht aus Pflicht", antwortete Ich.

Petrus sagte: „Meinst Du, nicht die Zeit ist wichtig, sondern vielmehr das, was man Gott in der Zeit, die man Ihm schenkt, in Liebe darbringt?" – „Du hast teilweise recht, Petrus. Die Zeit, die ihr Gott schenken solltet, ist der ganze Tag. Der ganze Tag sollte eine Gabe der Liebe sein. Was Ich sage ist, dass die Menschen Gott manchmal Opfer bringen, weil sie meinen, das tun zu müssen, und nicht, weil sie Gott lieben. Es ist besser, wenn jemand Gott eine Stunde in aufrichtiger Liebe schenkt, als wenn jemand Gott einen ganzen Tag schenkt und kaum an die Liebe denkt", bemerkte Ich.

Dann sagte Ich: „Es ist spät, Ich bin müde. Ich werde eine Weile allein im Zimmer beten und dann schlafen gehen. Ihr aber, bleibt noch, denn ihr genießt euer Zusammensein so sehr.“ Ich ging in das Zimmer, um zu beten. Danach legte Ich Mich hin und fiel in einen tiefen Schlaf, der bis zum Morgen dauerte.

Ein Blick in die Zukunft 12. Januar 1997

Ich erwachte aus Meinem Schlaf, fühlte Mich behaglich und voller Frieden. Meine Begleiter, die noch schliefen, sahen aus, als ob sie nicht so bald aufstehen würden. Ich erhob Mich leise und traf Meine Vorbereitungen für den Tag. Dann verließ Ich das Gasthaus und machte Mich auf den Weg zum Ufer des Sees, um zu beten. Als Ich zum See kam, konnte Ich in der Ferne die Fischer sehen, die ihrem Gewerbe nachgingen. Sonst jedoch war niemand zu sehen. Ich fand ein abgelegenes Plätzchen, kniete Mich nieder, betete zu Meinem Vater und öffnete Mein Herz Seiner Liebe und Seinem Geist.

Vor Mir sah Ich einen goldenen und hell glitzernden Pfad, und Mein Vater sagte: „Mit jedem Deiner Schritte zeigst Du der Welt diesen Weg.“ Dann sah Ich den Weg, der zum Himmel führte und den in der Zukunft viele Menschen gehen würden. Einige rutschten ab von dem Weg und fielen auf Meinen Rücken, wo sie zu einem Kreuz wurden. Immer mehr fielen auf Meinen Rücken, und das Kreuz wurde schwerer, doch Ich wusste, dass Ich es tragen würde, ganz gleich, wie schwer es war.

Einige Menschen sprangen absichtlich von Meinem Rücken herunter und verschwanden in der Dunkelheit. Während sie herabfielen, streckte Ich die Hände aus und sagte: „Nehmt Meine Hand! Ich rette euch!“ Doch einige weigerten sich und waren verloren. Mein Vater sagte zu

Mir: „Ganz gleich, wie schwer das Kreuz ist – Du wirst die Kraft haben, es zu tragen, denn seine Last ist die Last der Liebe.“ Dann war der Geist Gottes bei Mir, und vereint mit Meinem Vater war die Dreifaltigkeit der Liebe eins.

Als Ich Meine Gebete beendet hatte, war bereits später Nachmittag, doch es war Mir wie ein kurzer Moment vorgekommen. Ich hörte eine Bewegung hinter einem nahen Busch und wusste, dass Jakobus und Johannes Mich gefunden und einige Stunden über Mich gewacht hatten. Dann hörte Ich ein wohlbekanntes Schnarchen und wusste, dass Bartholomäus dieses Mal dabei war, sich jedoch nicht hatte wachhalten können. Das ließ Mich an eine Zeit denken, da Ich in einem Garten zu Meinem Vater betete und Meine Freunde in den letzten Stunden vor Meinem Opfer nicht würden wach bleiben können. Ich schaute über den See, und als Ich die Wellen sah, die sich am Ufer brachen, dachte Ich daran, wie der Glaube der Menschheit so manches Mal verebben und dann wieder fließen würde, sogar in den frömmsten Meiner Anhänger.

Ich machte Mich auf den Rückweg zum Gasthaus und kam dabei an Jakobus, Johannes und Bartholomäus vorbei, ohne sie zu sehen. Ich verschloss Meine Ohren gegenüber Jakobus, der laut zu Bartholomäus sagte: „Still, sonst hört Er dich.“ Die Einfalt der jungen Leute! Als Ich Mich dem Gasthaus näherte, kamen Mir Petrus, Andreas und der andere Jakobus entgegen. „Wir haben Dich vermisst, Herr“, sagte Petrus ehrlich. Andreas erklärte: „Wir haben uns in der Stadt umgesehen. Es ist sehr viel Umtrieb hier. Ich habe schon lange keine so überfüllte Stadt mehr gesehen.“ Jakobus fuhr fort: „Wir gingen in die Synagoge, und der Rabbi, den Du geheilt hast, hieß uns herzlich willkommen. Er meinte, wir müssten sehr vorsichtig sein, da es hier einige gibt, die Dir schaden wollen."

„Gehen wir etwas essen", sagte Ich. „Morgen werden wir wieder unterwegs sein." Kurz nachdem wir das Gasthaus betreten hatten, kehrten Jakobus, Johannes und Bartholomäus zurück und warfen Petrus einen Blick zu, der besagte, dass alles in Ordnung sei. Auf dem Rücken von Bartholomäus haftete noch immer Sand von der Stelle, wo er am Seeufer gelegen hatte. Ich bürstete den Sand von ihm ab und sagte: „Es ist friedlich am See, nicht wahr? Es wäre ganz einfach, dort einzuschlafen." – „Ja – ja – ja, Herr", stotterte Bartholomäus und machte sich schnell davon, während Jakobus und Johannes Meinem Blick auszuweichen versuchten.

Ich lächelte ihnen zu und sagte: „Wenn Freunde sich umeinander kümmern und einander beschützen möchten, ist dies ein wahres Zeichen der Liebe." Sie antworteten nicht, sondern blickten nur zu Petrus, der sagte: „Es ist gut, mit Dir befreundet zu sein, Herr, denn wir wissen, dass Du Dich immer um uns kümmern und uns beschützen wirst." Ich lächelte leicht und hoffte, dass die ganze Menschheit dies eines Tages begreifen würde.

Während unserer gemeinsamen Mahlzeit diskutierten wir darüber, warum Menschen wütend werden können, wenn sie das Gute vor sich sehen – wie die Pharisäer in der Synagoge. Philippus fragte: „Herr, manche Leute haben eine solche Wut auf Dich, dass sie Dich sogar umbringen wollen. Ich verstehe nicht, warum sie sich so verhalten, denn Du sprichst nur die Wahrheit. Du erklärst die Heilige Schrift, zeigst allen Liebe, Freundlichkeit und Wärme. Wie können sie das ablehnen, denn damit lehnen sie das ab, wofür sie selbst oft in der Synagoge eintreten."

„Das gehört zum Menschen, seit Adam das erste Mal sündigte", erklärte Ich. „Im Menschen gibt es einen tiefen Stolz, der für die meisten schwer zu überwinden ist. Dieser Stolz meint, dass jeder, der nicht mit dem übereinstimmt, was sie glauben oder verstehen, unrecht hat. Jeder, der eine andere Auffassung vom Sinn des Lebens hat als sie, liegt falsch. Jeder, der nicht tut, was sie wollen, handelt falsch. Jeder, der ihnen die Wahrheit aufzeigt, wie sie in Gott leben sollten und dass sie dies nicht tun, hat unrecht.

Dieser Stolz sitzt so tief im Charakter der Menschen, dass er oftmals unbemerkt bleibt. Dieser Stolz wird ständig von Satan gefördert, der das Ego der Menschen mit seinen Tricks und Täuschungen manipuliert. Dieser Stolz bedeutet Kampf für die Menschen – ein Kampf, den viele nicht gewinnen. Erst wenn du deinen Stolz überwinden kannst, lässt du dein wahres liebevolles Wesen aufleuchten. Der Stolz – eine Fessel der Menschheit, der viele Herzen brechen und den Verlust vieler Seelen bedeuten kann."

Alle saßen eine Weile schweigend da und dachten über Meine Worte nach. Dann sagte der junge Jakobus: „Ich bin sehr stolz, Herr. Wenn ich etwas Gutes tue, kommt mir der Gedanke, dass ich deshalb etwas Besonderes bin. Doch dann erinnere ich mich daran, dass nicht ich die Ursache des Guten bin, sondern Gott und Seine Liebe. Dann bedauere ich, dass ich mich für etwas Besonderes gehalten habe. Manchmal ist es sehr verwirrend."

„Jakobus, es ist gut, dass du deinen Stolz erkannt hast, denn das ist der erste Schritt dazu, ihn zu überwinden. Wer seinen Stolz nicht erkennt, erlaubt ihm zu wachsen", sagte Ich. „Stolz“, meinte Petrus, „ich frage mich, ob er jemals überwunden werden kann?“ – „Er kann, Mein Freund, wenn du so lebst, wie Gott es möchte“, sagte Ich.

„Herr“, sagte Judas (nicht Iskariot), „es ist schwer, so zu leben, wie Gott es möchte. Manchmal ringe ich wirklich darum, Gottes Gebote zu halten.“ Thomas sagte: „Manchmal habe ich Zweifel, dass Gott mich lieben kann, weil auch ich darum ringe, so zu leben, wie Er es möchte.“ Judas Iskariot sagte: „Auch ich habe zu kämpfen, doch am Ende gewinne ich immer und lebe so, wie Gott es will. Man muss nur die innere Kraft dazu haben.“

Ich schaute ihn an, wie er sich auf die Brust klopfte, wie um zu sagen: „Ich habe sie“, und war so traurig, die Blindheit zu sehen, die Judas nicht nur gegenüber seinem eigenen Stolz hatte, sondern auch gegenüber der Demut, die andere zeigten.

„Morgen“, sagte Ich, „werden wir aufbrechen. Lasst uns also eine Weile beten und dann schlafen gehen, damit wir für unsere Reise ausgeruht sind.“ Wir machten uns auf den Weg in unsere beiden Zimmer und beteten gemeinsam. Dann schliefen wir bis zum Morgen.

Bete um den Heiligen Geist

15. Januar 1997

Als wir die Stadt verließen, schaute Ich zurück und dachte an das, was hier geschehen war: Wie die Menschen in der Synagoge Mir schaden wollten, wie der junge Mann gegeißelt worden war, wie Meine Jünger schliefen, während Ich betete. Ich dachte an das wundervolle Mahl, an den stolzen Judas, und daran, wie Ich geschlafen hatte, um in der Liebe Meines Vaters zu erwachen.

Es erinnerte Mich an das, was kommen sollte. Es erinnerte Mich daran, wie Meine Jünger schlafen würden, wenn Ich in der Zukunft allein betete. Dann würde Ich den Priestern vorgeführt werden, und sie würden Mich hassen und tot sehen wollen. Dann sah Ich die Römer, die Mich geißelten und kreuzigten, und wie Ich in der Liebe Meines Vaters wieder auferstehen würde. Dann sah Ich künftige Generationen, die an dem Mahl der Liebe teilhaben würden, das Ich vom Kreuz herab anbiete.

Traurig und schweigend ging Ich weiter, bis Petrus zu Mir kam und sagte: „Herr, ist alles in Ordnung mit Dir? Du bist so still." – „Ja, Mein Freund. Ich dachte nur an den bevorstehenden Weg", antwortete Ich. „Es ist nicht weit bis zum nächsten Ort, Herr, und der Weg ist gut", erklärte Petrus.

„Mein Freund, der Weg, an den Ich denke, ist nicht dieser hier. Es ist ein Weg, der zu viel Leiden und Schmerz führt, doch danach zu einem Sieg, der die Menschheit befreit", sagte Ich, während Ich weiterging.

Petrus war einige Minuten still. Dann sagte er: „Herr, wenn Du ihn gehst, werde ich Dir folgen." Ich schaute ihn an und lächelte. „Das wirst du, Mein Freund, das weiß Ich", sagte Ich und dachte daran, wie tapfer Petrus am Ende seines irdischen Lebens sein würde.

„Herr, werden die Römer unser Land jemals verlassen?", fragte Petrus traurig. „Sie sind nur für einen Moment hier, doch in diesem Moment wird der Same eines neuen römischen Reiches gesät werden – eines Reiches der Liebe, dessen erster Vater du sein wirst", erklärte Ich und dachte daran, wie Rom zum Mittelpunkt der neuen Kirche werden würde, die zu bauen Ich gekommen war.

„Ich ein Römer!", rief Petrus aus. „Niemals! Ich werde dieses Land niemals verlassen! Es ist meine Heimat!" – „Deine Heimat ist bei Gott", sagte Ich, „und für Gott wirst du deinen Leib in Herrlichkeit zur Ruhe legen." Petrus verstand nicht, was Ich ihm sagte, doch entgegnete er: „Wenn es Dein Wille ist, Herr, werde ich überallhin gehen und alles geben, worum Du bittest." Ich konnte nicht aufhören zu lächeln, denn Ich wusste, dass er die Wahrheit sprach. So sagte Ich: „Das ist ein wahres Zeichen der Liebe."

Wir waren einige Stunden gewandert, als wir an einen der Flüsse kamen, die in den See münden. Philippus fragte: „Sollen wir hier Halt machen? Es sieht so friedlich aus." – „Du hast recht, Mein Freund. Es wäre gut, hier eine Weile zu rasten", erwiderte Ich. Wir standen am Ufer des Flusses, und Ich sagte zu Meinen Jüngern: „Lasst uns zu Gott beten und Ihm für diesen Tag danken." Bald stimmten wir Gebete und Psalmen an, die unsere Herzen mit Freude erfüllten. Als wir aufhörten, war es Abend geworden.

Jakobus fragte: „Herr, die Zeit scheint stillzustehen, wenn wir gemeinsam beten. Stunden sind wie Minuten. Was ist es, was die Zeit so schnell vergehen lässt?"

„Wenn du betest und dein Herz Gott öffnest, erfüllt dich Gottes Liebe, und du bist unempfindlich für diese Welt. In der Liebe Gottes hat die Zeit kaum Auswirkungen", sagte Ich. Petrus merkte an: „Manchmal setze ich mich gern still hin und denke nur an Gott. Es ist fast, wie wenn ich einschlafe. Es ist friedlich und beruhigend. Am Ende ist es, wie wenn ich den längsten Schlaf hinter mir hätte, so erfrischt und gestärkt fühle ich mich. Es ist, wie wenn Stunden vergangen wären, doch wenn ich nachsehe, waren es nur einige Augenblicke.“ – „Ist das nicht seltsam?“, meinte Johannes. „Manchmal erscheinen Minuten wie Stunden, ein anderes Mal Stunden wie Minuten.“

„Im Gebet spielt die Zeit keine Rolle, sondern vielmehr die Liebe. In der Liebe kann eine Sekunde wie eine Ewigkeit sein, oder die Ewigkeit wie eine Sekunde“, erklärte Ich. „Zeit ist eine Gnade von Gott, und in Gottes Gnade ist die Zeit ewig.“ Alle schauten etwas verunsichert, so sagte Ich: „Nicht die Zeit ist wichtig, sondern wie man sie verbringt. Verbringt man sie in Gottes Liebe, kann sie eine ewige Freude sein, wenn nicht, kann sie ein ewiges Leid sein.“

Dann sagte Ich: „Ich möchte gern allein spazieren gehen“, und wandte Mich in Richtung des Flussufers. Dabei dachte Ich daran, wie viel Bedeutung die Menschen der Zeit beimaßen und wie viele von ihnen dennoch die Zeit verschwendeten.

Als Ich am Fluss entlang ging, erfüllte der Klang des fließenden Wassers sanft Meine Gedanken. Das Wasser war wie die Liebe, die Gott allen Menschen anbot: Wenn die Fische mit dem Strom schwimmen, ist ihr Leben leicht, doch wenn sie gegen den Strom schwimmen, wird es schwieriger. Bei den Menschen ist es genauso: Wenn sie Gottes Liebe annehmen und sich ihr nicht widersetzen, ist das Leben eine Freude, doch wenn sie sich verweigern und Gottes Liebe Widerstand leisten, ist das Leben ein Kampf. Der Fluss der Liebe Gottes ist für alle da und bietet ihnen ein leichtes, von Frieden erfülltes Leben an.

Ich fand eine Stelle zum Hinsetzen, und als Ich zurückschaute, konnte Ich in der Ferne ein Feuer sehen, das Meine Jünger entfacht hatten. Es war wie ein Leuchtfeuer im Dunkeln. Ich legte Mich ins Gras und konnte seine

Frische riechen. Dann schloss Ich Meine Augen und sank in den Schlaf. Als Ich erwachte , war Johannes an Meiner Seite. Er hatte Mir eine Decke gebracht und deckte Mich damit zu, als Ich die Augen öffnete.

„Herr, ich dachte, Dir könnte kalt werden", sagte er besorgt. „Ich danke dir, Mein Freund. Ich wollte gerade zum Feuer zurückgehen, doch zuvor wollen wir uns eine Weile unterhalten", schlug Ich vor. Johannes setzte sich neben Mich und wartete darauf, dass Ich sprach. „Johannes, du bist Mir ein guter Freund geworden. Du sorgst für Mich, du liebst Mich, du willst Mich beschützen, du willst Mir helfen und so werden wie Ich. Du bist wirklich ein gutes Vorbild für alle Menschen, wie man Gott näher kommt und ein gutes Leben lebt.

Es werden Zeiten kommen, in denen viele auf dich und die Worte schauen, mit denen du die lebendige Liebe Gottes beschreibst. Wenn du schreibst, bete um Führung, und sie wird da sein. Bete um den Heiligen Geist, Er möge dich mit den Worten und Erinnerungen an deine Zeit mit Mir erfüllen, und du wirst Klarheit haben. Bete darum, in deinen Worten die Wahrheit der Liebe aufzuzeigen, und du wirst es tun. Jedes Wort, das du aufschreibst, wird jenen richtungsweisend leuchten, die den Weg zum Himmel suchen. Jedes Wort, das du aufschreibst, wird ein Wort der Liebe sein und deine demütige Liebe zu Gott zeigen. Denke immer daran, wenn du schreibst: Bete, und deine Gebete werden erhört werden", sagte Ich.

Johannes schaute Mich an und antwortete: „Herr, ich weiß nicht, inwiefern ich schreiben soll, wie Du es sagst, doch wenn Du sagst, dass es so ist, weiß ich, dass es so sein wird." Ich sah Meinen jungen Freund an und sagte: „Deine

Demut leuchtet auf durch die Art, wie du Mich liebst. Durch diese Liebe wird deine Demut zu deiner Stärke werden." Johannes lächelte, saß einfach nur da und schaute in die Dunkelheit. Dann sagte er: „Herr, es gibt warmes Essen am Feuer, falls Du Hunger hast." – „Komm, gehen wir zurück zu unseren Freunden", sagte Ich, erhob Mich und machte Mich auf den Weg zum Feuer.

„Herr", fragte Johannes, „werde ich viel schreiben?" – „Das, was du schreiben wirst, wird *alles* beinhalten", antwortete Ich und wusste, dass seine Worte *das Wort* enthalten würden, und dass die Menschen, die es in Liebe betrachteten, in allem, was Mein lieber Freund Johannes niederschrieb, den Weg zum Himmel sehen würden.

Als Ich zum Feuer zurückkehrte, schliefen die meisten schon. So nahm Ich schweigend Mein Essen zu Mir und legte Mich schlafen. Während Ich da lag, brachte der Geruch des brennenden Holzes Erinnerungen an zu Hause, an das Feuer, das Mutter mit dem Holz machte, das Josef ihr brachte. Glückliche Erinnerungen an das Leben daheim und glückliche Erinnerungen der Liebe, von denen Ich wollte, dass alle Menschen sie hätten – so vielen aber würden diese glücklichen Erinnerungen versagt bleiben, weil ihre Familien nicht in Liebe lebten.

Wunder und Zweifel 16. Januar 1997

Ich erwachte beim lieblichen Klang von Vogelgezwitscher, das die Luft erfüllte, und noch einmal ging Ich am Flussufer entlang. Unterwegs betete Ich zu Meinem Vater, dass Er Meine Schritte auf dem Pfad leite, der vor Mir lag. In Meiner menschlichen Natur fühlte Ich das Verlangen, das bevorstehende Leiden zu vermeiden, doch in Meinem Geist konnte Ich die Stärke zum Durchhalten spüren.

Ich wanderte in Meine Gebete und Gedanken versunken, bis Ich einen Ruf hörte: „Schaut, der Meister geht über den Fluss!" Es war der junge Jakobus, der es den anderen aufgeregt zurief. Ich ging weiter auf die andere Seite, und Johannes rief aus: „Es ist wahr! Schaut, Jesus geht über das Wasser!" Als Ich am anderen Ufer stand und zu ihnen hinüberschaute, sah Ich Thomas gerade kommen und hörte ihn sagen: „Wo, ich habe nichts gesehen!"

„Es ist wahr!", sagte Jakobus noch immer aufgeregt. „Ich werde es glauben, wenn ich es sehe", sagte Thomas, drehte sich um und ging zurück zum Feuer. Judas Iskariot sagte: „Junge Leute haben eine blühende Phantasie." Dann folgte er Thomas. Petrus, Simon und Andreas blieben bei Jakobus und Johannes. Petrus sagte zu den beiden: „Ich glaube euch", und Simon und Andreas nickten zustimmend.

In dem Augenblick erschien Bartholomäus, rieb sich die Augen und meinte: „Was ist das für ein Lärm? Er hat mich aus meinem Schlaf gerissen." Petrus erklärte: „Jakobus und Johannes haben den Herrn über den Fluss gehen sehen." – „Oh, ist das alles", meinte Bartholomäus, als ob es nichts Ungewöhnliches wäre.

Ich winkte über den Fluss hinweg und rief ihnen fröhlich einen Morgengruß zu. Dann trat Ich hinaus auf das Wasser und ging zu ihnen, während Petrus Mir in die Augen sah. Als Ich zum Flussufer kam, sagte Petrus: „Als Du über den See gingst, fürchtete ich mich, doch heute, als du über den Fluss gingst, war ich glücklich. Herr, ich weiß, dass Du der Menschensohn und der Herr bist. Ich werde mich nie wieder fürchten." Ich sah ihn an und sagte:

„Ich weiß, dies sagt dir dein Herz, doch es wird Zeiten geben, da dein Denken von Furcht erfüllt sein wird – dann erinnere dich an heute, erinnere dich an deine Worte, und du wirst sehen, wie deine Furcht überwunden wird."

Jakobus meinte: „Ich wünschte, jeder könnte dies sehen, Herr. Dann würden alle an Dich glauben." – „Jakobus, viele werden glauben, ohne zu sehen. Viele werden es allein aufgrund des Glaubens und der Liebe für wahr halten, und viele werden dafür belohnt werden", erklärte Ich. Dann gingen wir, um unser Frühstück mit den anderen einzunehmen.

Gottvertrauen 18. Januar 1997

Während des Essens fragte Thomas: „Ist es wahr, was Jakobus und Johannes gesagt haben, dass Du über den Fluss gegangen bist?" – „Glaubst du, dass sie dich belügen würden, Mein Freund?", erwiderte Ich. „Nein, Herr, aber sie könnten es sich eingebildet haben", sagte Thomas.

„Was das Auge sieht, kann ungenau sein, doch was das Herz erkennt, ist wahr", antwortete Ich. „Deine Freunde erzählten dir wahrhaftig, was sie sahen, und doch zweifelst du an ihnen. Du weißt, dass ihre Herzen aufrichtig sind und dass sie dich nicht anlügen würden, dennoch zweifelst du. Viele haben einen solchen Glauben: Sie wollen nur das glauben, was sie sehen. Sie wollen nur das glauben, was von der Mehrheit akzeptiert wird. Sie wollen nur das glauben, wofür es einen Beweis gibt. Was für ein Glaube ist das?

Glaube bedeutet, sogar dann an Gott zu glauben und Ihm zu vertrauen, wenn man nicht sieht, wenn man nicht hört; wenn andere behaupten, es gäbe keinen Gott und wenn andere Gottes Wort leugnen. Der Glaube ist in deinem Herzen, und wenn du ihn findest, wirst du entdecken, dass du keine Zeichen und Wunder brauchst, denn du wirst die Wahrheit kennen“, führte Ich weiter aus.

Thomas sagte ein bisschen verlegen: „Es tut mir leid, Herr. Ich weiß, dass sie nicht lügen würden. Ich weiß, dass Du auf dem Wasser gehen kannst, denn ich habe es selbst gesehen, doch scheine ich es zu vergessen.“

„Thomas, Mein Freund, das Zweifeln liegt in deiner Natur. Es ist eine Schwäche, die viele haben, doch du beginnst, sie zu erkennen – das ist der erste Schritt, sie zu überwinden. Sei nicht traurig! Ich weiß, du wolltest niemanden kränken, und Ich weiß, dass du Jakobus und Johannes glaubst. Freue dich, Mein Freund, denn du wirst geliebt, und du bist unser Bruder“, sagte Ich und legte Meinen Arm um ihn, um ihn zu trösten.

„Herr, Zweifel sind schwer zu überwinden“, sagte er noch immer ein wenig traurig. „In jedem stecken Zweifel, doch gleichzeitig auch der Weg, sie zu besiegen. Ich bin dieser Weg“, sagte Ich, als Ich Mein Mahl aus Brot und Wein beendet hatte, „und der Weg wird allen, die ihn suchen, unaufhörlich angeboten“, sagte Ich.

Später sammelten wir unsere Habseligkeiten und machten uns auf den Weg zum nächsten Ort. Unterwegs fiel ein leichter Regen, seine Berührung war ein erfrischender Schauer. Wir gingen schweigend, bis Andreas sagte: „Sollen wir beten, Herr?“ So beteten wir gemeinsam und sangen Psalmen, während wir unterwegs waren. Mit jedem Wort schienen unsere Schritte beschwingter zu werden, und in unseren Stimmen lag eine ansteckende Freude.

Einige Stunden später, als wir unsere Gebete beendet hatten, fragte Judas Iskariot: „Machen wir bald Rast, um etwas zu essen?“ – „Ich werde heute nichts mehr essen“, sagte Ich. Judas sah wieder einmal enttäuscht aus beim Gedanken an ein weiteres Fasten.

„Setzen wir unsere Wanderung in stillem Gebet fort“, sagte Ich lächelnd. Alle außer dem armen Judas waren gern mit dabei, und so gingen wir schweigend weiter. Während Ich betete, konnte Ich in Meinem Herzen die Kraft des Vaters spüren. Es war ein Gefühl, wie wenn Mein Herz immer größer würde. Dann sprach der Vater zu Mir: „Dein Herz ist groß genug, die ganze Ewigkeit mit Liebe zu erfüllen.“

Dann sah Ich vor Mir Mein Herz hell leuchten, und aus einer seitlichen Wunde floss Blut, das die Erde bedeckte. Aus der Erde sprossen daraufhin Millionen und Abermillionen süß duftender Rosen, und der Vater sagte: „Dies sind die Seelen, die von Deiner Liebe berührt wurden.“ Bald war die Welt ein großer Rosengarten mit dem Duft der Liebe, der daraus entströmte. Der Vater sagte: „Hierzu wurde die Menschheit erschaffen: ein Spiegelbild Meiner Liebe zu sein. Und Du, Mein Sohn, bist Meine Liebe.“

Ich war im Gebet versunken gewesen und stellte nun fest, dass es schon dunkel wurde. In der Ferne flackerten die Lichter der vor uns liegenden Stadt. „Bleiben wir hier, Herr, oder gehen wir weiter bis in die Stadt? Sie ist noch etwa zwei Stunden entfernt“, sagte Petrus.

„Morgen werden wir in die Stadt gehen. Wir bleiben heute Nacht hier und ruhen uns aus“, sagte Ich und schaute auf ein Feld neben der Straße. „Das Gras dort sieht einladend aus. Es wäre gut, hier zu rasten“, schlug Ich vor und betrat das Feld, wo Ich Mich unter einen kleinen Baum setzte, der Mir als Stütze diente.

Es dauerte nicht lange, bis Meine Jünger bei Mir waren, und bald darauf flackerte ein Feuer. Von der Wanderung des Tages ermüdet, schlief Ich schnell ein, und ein wunderschöner Rosenduft umgab Mich.

Am nächsten Morgen erwachte Ich von Freude erfüllt. Mein Herz schien vor Liebe zu brennen. In Mir konnte Ich jeden Augenblick, jedes Wort, jede Tat und jeden Gedanken der Liebe in Ewigkeit spüren. Ich schaute um Mich und sah überall Liebe, die Liebe Meines Vaters, des Schöpfers.

Ich saß da und nahm jede Sekunde und die darin enthaltene Liebe des Vaters in Mich auf. Wie traurig, dachte Ich, dass die Menschheit die sie umgebende Liebe oft übersieht oder ignoriert! Wie traurig, dass die meisten diese Liebe nicht schätzen und ihr Leben nicht zu einem Teil davon machen! Wie traurig, die Folgen des Lebens ohne Liebe zu sehen! In Gottes Liebe wird den Menschen Freude, Glück und ewiger Frieden angeboten. Wie traurig, dass sie dies oft ablehnen!

Ein Vogel flog in unser Lager und hüpfte herum auf der Suche nach Futter. So brach Ich etwas Brot und gab es dem Vogel. Er fraß das Brot und begann, mit einer süßen Stimme der Liebe für Mich zu singen. Jedes Zwitschern bereitete Mir Freude, dadurch wurde der Vogel angeregt, noch viel lieblichere Töne zu singen. Die reine Liebe in dem Vogel war die Liebe der Schöpfung Meines Vaters.

Bald waren einige Meiner Jünger aufgewacht. Staunend saßen sie da und lauschten dem Gesang des Vogels. Plötzlich hörte er auf zu singen und flog davon. „Das war wunderschön", meinte Bartholomäus, den der Vogel aufgeweckt hatte. „Unglaublich, wie der Vogel dablieb und ohne Scheu sang", sagte Jakobus, der Bruder des Johannes. „Bruder, ich habe noch nie etwas Derartiges gesehen!", rief Johannes aus.

„Wenn ihr in der Liebe lebt, werdet ihr dies häufig sehen. Denn wenn ihr im Leben eins seid mit der Liebe Gottes, vereint sich die ganze Schöpfung mit euch, da die Schöpfung der Liebe Gottes entspringt. Wenn man ganz in der Liebe Gottes lebt, verschwindet die Angst der Tiere, der Vögel und Menschen. Ohne Angst wären alle Freunde – Freunde in Gottes Liebe, einer Liebe, an der alle teilhaben können", sagte Ich und dachte an einen besonderen Menschen in einer kommenden Zeit, der zu den Tieren sprechen, sie lieben und das Geschenk schätzen würde, das ihm in den Tieren gegeben worden war. Dieser Mann würde zeigen, wie man in Einklang mit der Schöpfung in Gottes Liebe leben kann, wenn man es versucht. – Dieser Mann würde viele heimführen zu Mir.

„Werden wir denn heute etwas essen?", fragte Judas Iskariot mit säuerlichem Ton und Blick. Wie schade, dass Judas das Geschenk des Vogelgesangs nicht schätzte und nur an sich selbst dachte! Wie schade, dass viele Menschen genauso dachten!

Nachdem Meine Jünger gegessen hatten, beteten wir einige Zeit und setzten dann unseren Weg in die nächste Stadt fort. Als wir die ersten Häuser erreichten, konnten wir sehen, dass eine Traurigkeit schwer über dem Ort zu lasten schien. „Suchen wir die Synagoge", sagte Ich zu Meinen Freunden, und wir gingen weiter zur Ortsmitte. Die Menschen, an denen wir vorbeikamen, schienen wenig Freude am Leben zu haben, und ihre Gesichter spiegelten das wider.

Petrus sagte: „Herr, es ist traurig hier." Ich antwortete nicht, sondern ging auf die Synagoge zu, die nun vor uns lag. Beim Eintreten sah Ich, dass etwa fünfzig Männer darin versammelt waren und über eine Schriftstelle diskutierten. Einige von ihnen wandten sich um und warfen uns einen Blick zu, widmeten sich dann jedoch wieder ihrer Diskussion. Sogar hier in der Synagoge konnte man die Hoffnungslosigkeit spüren.

Ich ging nach vorn, ergriff eine Rolle der Heiligen Schrift und las die Worte: „Wenn ihr Ihn sucht, lässt Er sich von euch finden; wenn ihr Ihn aber verlasst, verlässt Er euch" (2 Chr 15, 2). Dann legte Ich die Rolle zurück und sagte: „Wenn ihr Gott sucht, ist Er da und wartet darauf, euch in Seine Arme zu schließen. Gott bittet nur darum, dass ihr Ihn liebt und Seine Gebote befolgt, dann werdet ihr Ihn nie verlieren. Wenn ihr Gott verlasst, indem ihr Seine Liebe ignoriert, indem ihr nicht lebt, wie es Gott in Seinen Geboten wünscht, dann verliert ihr die Sicht auf Gott und lasst Traurigkeit und Schmerz in eurem Leben zu. Gott schloss einen Bund mit Israel, einen Bund, den Gott einhält. Es ist das Volk Israel, das sein Versprechen Gott gegenüber bricht und die Folgen zu tragen hat."

Es herrschte Stille, da alle in der Synagoge auf Meine nächsten Worte warteten. „Dieser Ort", sagte Ich, „ist voller Leid, voller Traurigkeit und voller Verzweiflung. Diese Stadt hat sich dies selbst zugezogen, indem sie Gott ignorierte und versuchte, Rom zu gefallen. Nun hat Rom seinen Tribut gefordert, und es ist mehr, als viele hier ertragen können. Um Rom zu beschwichtigen, habt ihr euch von Gott abgewandt und euch in die Arme derer geworfen, die keine Rücksicht auf euch nehmen, und nun bezahlt ihr den Preis dafür. Jetzt ist die Zeit, zu Gott zurückzukehren, um Vergebung zu bitten und eure Herzen der Liebe Gottes zu öffnen. Sucht jetzt Gott, und findet Ihn auf euch wartend, wie Er es immer getan hat – Er wartet darauf, euch zu vergeben, euch zu helfen und euch zu lieben." Anschließend ging Ich zu Meinen Jüngern und setzte Mich.

Einer der Männer erhob sich und fragte bestürzt: „Woher weißt Du, was wir getan haben?" – „Ich weiß es, und Ich biete euch die einzige Antwort an. Ihr habt sie gekannt, habt sie aber vergessen", entgegnete Ich.

„Du hast recht. Wir machten Rom den Hof. Wir taten, was die Römer verlangten. Wir halfen ihnen, wo immer wir konnten, und sie kauften dafür unsere Waren und belohnten uns reichlich. Das Leben war gut unter ihrem Schutz und ihrer Schirmherrschaft. Nun ist das vorbei, und jetzt sehen wir ein, wie falsch es war. Die Römer kamen gestern hierher und nahmen fast alle unsere jungen Frauen mit, verheiratet oder ledig, um sie zu Dirnen für ihre Soldaten zu machen. Es war ihnen egal, dass wir loyal zu ihnen gewesen waren, dass wir zeitweise sogar ihre Götter akzeptiert hatten. Sie sagten, da wir Freunde Roms seien, sollten wir uns darüber freuen, ihnen unsere Frauen zu geben. Sie nahmen sogar kleine Mädchen von nur zehn Jahren mit! Jetzt schämen wir uns zu sehr, Gott um Hilfe zu bitten, denn in Zeiten des Überflusses hatten wir uns von Ihm abgewandt. Nun sind wir in Not, und es ist wohl nicht recht zu erwarten, dass Gott uns hilft", sagte der Mann.

„Wenn ihr Ihn sucht, lässt Er sich von euch finden", betonte Ich. „Sucht Gott im Gebet und in Liebe, und ihr werdet Ihn finden", ermutigte Ich sie. „Das werden wir", sagte der Mann. Dann wandte er sich an die anderen und sagte: „Heute soll die Synagoge voll sein! Holt alle zusammen, wir wollen Gottes Vergebung erbitten und um Seine Hilfe beten." Nun eilten die Menschen aufgeregt hinaus, um andere zu holen, die in die Gebete einstimmen sollten. Innerhalb kurzer Zeit war die Synagoge voll.

Ich erhob Mich und sagte: „Betet nun zu Gott, betet von Herzen! Bereut und kehrt um zum Gott Israels und bittet um Seine Hilfe, wie es eure Vorfahren taten, als sie in der Wüste waren."

Die Gebete zogen sich über Stunden hin. Der Tag verging, und die Nacht brach herein. Noch immer beteten sie inbrünstig, dass Gott ihre Frauen, Töchter und Schwestern heimbringen möge. Als die Morgensonne aufging, hatte die Intensität der Gebete nicht nachgelassen. Sie beteten und beteten, die ganze Stadt hatte sich Gott zugewandt und bat um Seine Hilfe. Am späten Nachmittag waren viele eingeschlafen, doch andere bemühten sich weiter im Gebet.

Ich ging zu einem jungen Mann von etwa dreiundzwanzig Jahren, der weinte und so intensiv betete, wie er nur konnte. „Weine nicht, Mein Freund! Vertraue Gott", sagte Ich. „Sie haben meine Frau genommen. Wir sind frisch verheiratet. Werde ich sie wiedersehen? O Gott, hilf mir!", schluchzte er.

„Wenn Gott deine Gebete erhört, dann erinnere dich an diese Zeit und wende dich nicht wieder von Ihm ab", sagte Ich. „Wenn Gott meine Gebete erhört, werde ich Ihm jeden Tag meines Lebens danken“, schluchzte er. „Erinnere dich an dieses Versprechen“, sagte Ich. „Vergiss es nie!“

In diesem Augenblick war ein Ruf zu hören: „Sie sind zurück! Es sind die Frauen, sie sind zurück!“ Alle erwachten und eilten aus der Synagoge, um die Rückkehr der Frauen des Ortes zu sehen. Die Frauen gingen dicht aneinander geschmiegt. Als sie sich gegenseitig erkannten, gab es ein wildes Durcheinander, und sie fielen einander in die Arme. „Meine Frau, ich liebe dich!“, rief der junge Mann, der geweint hatte. „Ich liebe dich!“, sagte er und übersäte ihr Gesicht mit Küssen.

„Wie konntet ihr entkommen?“, fragte ein Mann. „Sie befahlen uns einfach, nach Hause zu gehen. Sie haben keinen Grund angegeben und niemanden angerührt. Heute morgen sagte uns der Zenturio, wir sollten heimgehen und Rom für seine Barmherzigkeit danken“, antwortete eine Frau.

„Rom danken!!! Nie wieder!“, rief der junge Mann, der geweint hatte. „Ich werde immer dem Höchsten danken, dem Gott Israels.“ – „Ich auch!“, rief ein anderer und noch ein anderer. Bald war die Traurigkeit vergessen, und ein Fest wurde vorbereitet.

Bevor das Fest begann, stellte sich der Mann, der in der Synagoge gesprochen hatte, in die Mitte und sagte: „Beten wir zuerst ein Dankgebet zum Herrn, und beten wir darum, Gott nie wieder zu vergessen.“ Alle Männer begaben sich zur Synagoge, und Ich sagte zu Meinen Jüngern: „Machen wir uns auf den Weg. Wir werden hier nicht länger gebraucht.“

Judas Iskariot fragte: „Und was ist mit dem Fest?“ – „Wir werden sie zusammen feiern lassen, damit sie ihre

Liebe stärken und in Gott dichter zusammenwachsen können", entgegnete Ich und führte dann Meine Jünger aus dem Ort.

Kurze Zeit später kam der Mann zu Mir gelaufen, der zuvor in der Synagoge geweint hatte. „Geht nicht fort!", sagte er. „Wir haben Dir noch nicht gedankt. Du hast uns so sehr geholfen! Die Leute schickten mich, Dich zurückzuholen." – „Es ist Zeit für uns zu gehen. Ihr braucht uns nun nicht mehr. Denke an dein Versprechen und halte es", sagte Ich. „Ich halte es, versprochen", versicherte er Mir, und Ich wusste, dass er die Wahrheit sprach.

„Wer bist Du?", fragte er. „Wenn ihr Ihn sucht, lässt Er sich von euch finden", antwortete Ich. Der Mann schaute Mich an und sagte: „Ich verstehe nicht, aber nimm hier wenigstens dieses Geld zum Dank für Deine Hilfe. Wir haben alle dazu beigesteuert", sagte er und übergab Mir einen schweren Beutel mit Münzen. „Ich danke dir, Mein Freund. Wir werden guten Gebrauch davon machen," sagte Ich und überreichte ihn dem nun glücklichen Judas Iskariot.

„Was soll ich ihnen sagen, wer Du bist?", fragte der Mann. „Sage, dass Ich die Antwort auf ihre Gebete bin, dass Ich die Liebe bin, die sie in ihren Herzen suchen", entgegnete Ich. Er schaute Mich an und sagte: „Ich werde es ihnen sagen, doch ich weiß nicht, was Du meinst. Ich danke Dir. Ich hoffe, dass wir uns wiedersehen." Dann eilte er zurück ins Dorf zu seiner jungen Frau.

„Das werden wir", sagte Ich und sah einen Tag in Jerusalem, an dem Ich Mein Kreuz trug. Ich sah, wie er wortlos zusehen würde und sich zu sehr fürchtete, um etwas zur Hilfe zu unternehmen, obwohl er dies sehnlichst tun wollte. Ich sah es und Ich liebte ihn, denn Ich wusste, er liebte Mich wirklich.

Das größte Gebet 19. Januar 1997

Wir schlugen unser Nachtlager wieder einmal am Straßenrand auf. Als Meine Freunde ein Feuer machten, sah Ich Judas im Dunkeln das Geld zählen, das wir erhalten hatten, und Ich sah die Freude in seinem Herzen über den Betrag. Judas hatte die Ereignisse in der Stadt bereits vergessen. Ein Mahl aus warmem Brot und Fisch wurde zubereitet, und nachdem wir ein Dankgebet zu Meinem Vater gesprochen hatten, genossen wir gemeinsam die Mahlzeit.

Andreas fragte Mich: „Herr, warum konnten diese Menschen so lange Zeit so inbrünstig beten, obwohl sie doch vorher offenbar kaum gebetet hatten?“ – „In ihrer Verzweiflung sahen sie ein, dass nur Gott ihnen helfen konnte. Sobald sie das verstanden hatten, wurden ihre Herzen stark im Gebet, da sie wirklich daran glaubten, dass Gott ihnen antworten würde, und Gott tat es“, erwiderte Ich.

„Warum beteten sie nicht gleich, als die Soldaten ihre Frauen mitgenommen hatten?“, fragte Thomas, der bezweifelte, dass Menschen sich so schnell ändern konnten.

„Sie haben es versucht. Die Menschen gingen in die Synagoge und diskutierten, was zu tun sei. Sie fragten sich, ob Gott ihnen noch zuhören würde, nachdem sie sich von Ihm abgewandt hatten. Worte aus der Schrift waren nötig, um ihnen zu zeigen, dass Gott für sie dasein würde, wenn sie Ihn suchten – dass sie selbst durch ihr Sich-Abwenden von Gott, durch ihren freien Willen, eine Distanz zwischen Gott und sich geschaffen hatten. Die Lesung besagte: Kommt zurück zu Gott! Er wartet darauf, dass ihr Ihn um Seine Hilfe bittet, und Er wird euch helfen. Sobald sie dies einsahen, war es unmöglich, sie vom Beten abzuhalten. Sie beteten, bis sie vor Erschöpfung einschliefen. Gott sah, dass die Wahrheit in ihren Herzen wieder erweckt worden war, und antwortete auf ihre Gebete", sagte Ich.

„Herr, das Gebet ist so mächtig, es kann alles bewirken", sagte Jakobus. „Ja, das kann es. Wenn du aufrichtig betest, aus deinem Herzen heraus, und glaubst, dass dein Gebet erhört wird, dann wird es das", erklärte Ich. „Was – alles?", fragte Judas Iskariot und dachte daran, wie er all das bekommen konnte, was er wollte.

„Alles, was zu deinem Besten ist oder zum Besten von anderen. Alles, was dich näher zu Gott bringt. Alles, was keine Sünde ist, und alles, was dem Willen Gottes entspricht", entgegnete Ich und sah traurig, dass sich Judas' Herz nicht geändert hatte. „Das Gebet", dachte Petrus nach, „ist ein mächtiges Geschenk, das Gott uns gibt – ein Geschenk, das für das Gute verwendet werden soll."

„Das ist richtig, Mein Freund. Das Gebet ist ein Geschenk von Gott – gegeben, damit ihr in Gott und in Gottes Liebe wachst. Das Gebet, das viele oft für wertlos halten, ist mehr wert als all der Reichtum der Welt", stimmte Ich zu.

„Herr, was war mit den Frauen, dass sie freigelassen wurden?", fragte Philippus. Ich schaute ihn an und lächelte. „Nun, durch die Macht des Gebets wurden die Römer dazu gebracht, sie freizulassen." Während Ich dies sagte, sah Ich die Soldaten vor Mir, die das Dorf mit den Frauen verließen und sich freuten, so gute Sklaven erbeutet zu haben. Ich sah, wie sie später an jenem Tag eine andere Truppe römischer Soldaten auf der Straße trafen, und wie sie, als sie in der Nacht lagerten, über die Frauen sprachen, die sie geraubt hatten.

Dann sagte der Zenturio der anderen Soldaten, dass seine Männer diese Frauen nicht anfassen würden, da einige der Frauen, die letztes Mal aus dieser Gegend geholt worden waren, Lepra gehabt hätten, die sich unter den Römern ausgebreitet und viele getötet habe. Als das Wort Lepra gefallen war, wollte niemand mehr die Frauen, denn man hatte Angst vor einer Ansteckung. Am Morgen sandten sie die Frauen nach Hause und waren froh, sie gehen zu sehen. Die Römer würden ihre Sklaven anderswo bekommen.

Dies ist die Macht des Gebets: eine Macht, die die meisten nicht verstehen und an die sie nicht glauben. Aber es ist eine Macht, die die ganze Welt verändern kann, wenn sie nur angenommen wird.

Johannes sagte: „Das Beten fällt manchmal schwer, ein andermal wieder leicht. Es fällt mir schwer zu verstehen, weshalb, aber ich habe festgestellt: Je mehr ich bete, desto lieber scheine ich zu beten. Auch habe ich herausgefunden: Wenn ich auch dann bete, wenn es mühsam ist, werden die schweren Zeiten von Tagen voller Freude abgelöst."

„Ja, so geht es mir auch", sagte Bartholomäus. „Manchmal ermüdet mich das Gebet sogar, und ich muss schlafen." Es gab vereinzeltes Gelächter, als er das sagte. Matthäus meinte: „Nun, du scheinst demnach viel zu beten."

„Meine Freunde, ihr werdet schwierige Momente beim Gebet erleben. Und, wie Bartholomäus werdet ihr vielleicht sogar beim Beten einschlafen. Wichtig ist, dass ihr nicht aufgebt. Nichts soll euch vom Beten abhalten, denn wenn ihr aufhört zu beten, wird der Weg zum Himmel nur noch schwieriger. Das Gebet ist auf vielerlei Arten mächtig, aber eine der wichtigsten Auswirkungen des Gebets ist, dass es euren Aufstieg zum Himmel klarer macht. Denn sobald ihr klar sehen könnt, wie ihr diesen Weg gehen müsst, seht ihr, wie ihr leben müsst", erklärte Ich.

Philippus schaute Mich an und fragte: „Herr, Du hast uns gelehrt, wie und warum wir beten sollen, doch wenn wir immer wieder beten, wiederholt es sich manchmal. Oft frage ich mich, ob ich meine Gebete ändern sollte, ob ich die Worte ändern sollte, die ich spreche, damit ich nicht immer die gleichen Gebete wiederhole?"

„Was in deinem Herzen ist, das zählt. Die Worte, die du im Gebet sprichst, sind Worte, die dein Herz für Gott öffnen. Wenn es tagtäglich dieselben Gebete sind, spielt das keine Rolle, solange dein Herz dabei ist.

Wenn du merkst, dass dein Herz nicht dabei ist, dann formuliere deine eigenen Worte der Liebe zu Gott. Sag, was du in deinem Herzen fühlst. Nimm später deine täglichen Gebete wieder auf, wenn du kannst.

Das tägliche Sprechen derselben Gebete bringt vielen Menschen eine Disziplin, so dass ihr Herz zu bestimmten Zeiten und auf bestimmte Weise an Gott denkt. Es ist wie ein Baby, das laufen lernt. Es muss dies erst erlernen, indem es seinen Körper trainiert, das Gleichgewicht zu halten und sich zu bewegen, ohne zu fallen. Dies bewirken die täglichen Gebete. Sie trainieren den Verstand, den Körper und die Seele, Gott im Gebet zu preisen und sich selbst für Gottes Liebe zu öffnen. Das tägliche Gebet, sei es ein sich wiederholendes Gebet oder nicht, entfernt die Hindernisse, die Gottes Liebe davon abhalten, euch zu erfüllen. Das tägliche Gebet ist wichtig – jeder Tag sollte ein Gebet sein", sagte Ich.

„Gibt es ein Gebet, das ein vollständiges Gebet ist – durch das man Gottes Liebe und Gottes Willen vollkommen annimmt?", fragte Petrus. „Ein solches Gebet wird kommen. Es wird das größte Gebet sein, und ihr, Meine Freunde, werdet dieses Gebet in die Welt hinaustragen", antwortete Ich.

„Welches denn, Herr?", fragte Jakobus aufgeregt. „Ihr werdet es lernen, wenn der richtige Zeitpunkt gekommen ist, nicht jetzt, aber bald", sagte Ich liebevoll und dachte an Mein Opfer und daran, wie es in den kommenden Zeiten auf der ganzen Welt in dem größten aller Gebete wiederholt gefeiert werden würde – der Eucharistie.

Bemerkung von Alan Ames

Bei der Wanderung, zu der uns Jesus in dieser Serie von Büchern mit dem Titel *Durch die Augen Jesu* mitnimmt, wenn Er uns Sein Leben auf Erden zeigt, sehen wir die verschiedenen Persönlichkeiten der Apostel. Wenn wir weiterlesen, lernen wir sie besser kennen und verstehen.

Durch diese Gedanken wurde ich inspiriert, Ihnen einige der Botschaften zu zeigen, die mir verschiedene Apostel gegeben haben. (Diese und mehr erscheinen in anderen Büchern mit Botschaften, die noch herauskommen.) Ich hoffe, dass diese Texte etwas Licht auf die Apostel, ihre Kämpfe und ihre Liebe zu Gott werfen, und Sie näher zu Gott bringen.

Gott Vater 5. August 1995

Als Ich auf jene schaute, die um Meinen Sohn, Jesus, waren, als Er auf dieser Erde wanderte, konnte Ich ihre Stärken und Schwächen sehen. Sie wurden wegen ihrer Stärken und Schwächen erwählt, damit alle Menschen sehen können, dass diese mit der Hilfe Meines Sohnes Jesus zu Tugenden werden würden.

Die Stärken wurden zu Tugenden der Demut und Liebe. Die Schwächen wurden zu Tugenden, wenn akzeptiert wird, dass sie nur durch Jesus überwunden werden konnten.

Diese Jünger zeigten alle Aspekte der menschlichen Persönlichkeiten, und dann zeigten sie, wie alle Menschen Heilige werden können, wenn sie Jesus in Demut und Liebe annehmen und erlauben, dass Jesu Liebe alle ihre Schwächen überwindet.

Hl. Petrus 8. Oktober 1995

Dreimal verleugnete ich den Herrn in Seiner Stunde der Not, und trotzdem vergab Jesus mir. Die Vergebung war jedoch nicht vollständig, bis ich mir selbst vergab. Wie es schmerzte zu denken, dass ich Jesus meinen Rücken zugekehrt hatte, nicht nur einmal, sondern dreimal! Als der Herr zum Leben zurückkam, zeigte Er mir Seine Liebe und Vergebung, als Er mir, der Ihn verleugnet hatte, die Ehre anbot, Seine Kirche zu führen.

Welche Liebe zeigt dies, dass Er mir in Seiner Vergebung mehr gab, als ich verdiente! Genauso ist es für alle Menschen, ganz gleich, wie sehr ihr gesündigt habt, ganz gleich, wie sehr ihr Gott verleugnet habt: Jesus will euch nur vergeben, und in Seiner Vergebung will Er euch mit Seiner Liebe erfüllen. Es liegt an jedem selbst, diese Vergebung anzunehmen und zu akzeptieren, dass ihr Gottes Liebe würdig seid.

Hl. Petrus 8. Juli 1995

(Alan sah den hl. Petrus schon früher, doch wusste er nicht, wer das war)

Vor langer Zeit war ich da, doch du erkanntest mich nicht. Du schautest, du sahst, doch du erkanntest nicht. Erkenne mich nun, und stimme mit mir ein in den Lobgesang für den Herrgott Jesus Christus, den wahren Messias, den wahren Herrn und den wahren Gott.

Jesus, der mit dem Vater und dem Heiligen Geist der wahre Gott ist. Unser Herr, unser Retter, unser Erlöser, unser Freund, unser Gott. Jesus, der von Herzen über die Menschheit weinte, weinte blutige Tränen – Tränen der Liebe. Jesus, der Seine Familie auf Erden vollkommen liebte, liebte alle, ungeachtet dessen, wer oder was sie waren. Jesus, der alle rettete, nicht nur einige wenige. Jesus, mein Herr, mein Gott, mein Meister und mein liebster Freund, dessen Vergebung kein Ende kennt. Jesus, der zu allen sagt: „Werdet Meine neuen Apostel und folgt Mir nach.“

Hl. Petrus

21. Juni 1997

Rom war das Ende meines Lebens, aber der Beginn der Ewigkeit mit Gott. Rom war das Ende meines Weges zu Jesus Christus und der Beginn meiner ewigen Ruhe im Himmel. Rom war es, wo ich zeigte, wie sehr ich Jesus Christus liebte, den wahren Gott und wahren Menschen, als ich mein Leben für Ihn gab.

Hl. Petrus

1. November 1995

Der Leib und das Blut Jesu wären heute ein besonderes Geschenk der Liebe für all die Heiligen im Himmel. Wenn ihr sie darbringt, öffnet euer Herz und sendet eure Liebe, eingehüllt in Jesus, zu all den Heiligen, die euch lieben.

Hl. Johannes

1. November 1996

Seht in der Kirche die Liebe Gottes!
Seht in der Kirche die Gaben Gottes!
Seht in der Kirche den Weg zu Gott!

Hl. Johannes 1. November 1996

Als ich Gottes Wort schrieb, betete und betete ich – tue dasselbe.
Als ich um Gottes Hilfe bat, Sein Wort zu verkündigen, betete ich, und Gott antwortete – tue dasselbe.

Hl. Bartholomäus 1. November 1997

Teile den Schmerz von Gottes Liebe, denn mit diesem Opfer rettest du Seelen. Teile die Herrlichkeit von Gottes Liebe, denn damit verherrlichst du Gott. Teile die Gnade Gottes, denn dadurch zeigst du den anderen, dass Gott existiert.

Hl. Thomas 22. April 1997

Um Zweifel zu beseitigen – bete!
Um Verwirrung zu klären – bete!
Um im Frieden zu bleiben – bete!

Das Gebet ist ein Geschenk von Gott, das hilft, Zweifel und Verwirrung zu beseitigen und sie durch Liebe zu ersetzen.

Hl. Judas 1. November 1996

Die heilende Kraft Gottes liegt in deinem Glauben und in deiner Liebe zu Gott. Wenn du Gott liebst und glaubst, dass in Seinem Namen alles möglich ist, dann ist es so!

Hl. Judas

1. November 1997

Die Familie Gottes – alle Menschen.
Die Liebe Gottes – alle Menschen.
Die Hoffnung Gottes – alle Menschen.

Bete, dass alle Menschen ihren Platz in Gottes Familie der Liebe und Hoffnung annehmen und dass niemand verloren geht.

Der Dreifaltigkeitsrosenkranz

Nach einer Vision von Alan Ames

Nachdem unsere heilige Mutter Maria mir zuerst im Jahr 1993 erschienen war, bat sie mich, mehr als die 15 Gesätze des Rosenkranzes zu beten, die ich zu der Zeit betete. Ich kannte nicht viele andere Arten zu beten, und so bat mich Unsere Liebe Frau, den „Dreifaltigkeitsrosenkranz" zu beten.

Als ich sie fragte, warum er keine „Ave Marias" enthalte, erklärte sie, dass dieses Gebet eine besondere Art sei, Gott zu preisen. Sie sagte, dass sie immer mit mir beten werde und mit jedem, der diesen Rosenkranz betet, und dass wir Gott zusammen preisen würden. Unsere Mutter sagte, dass es ihr eine große Freude bereitet, jede Seele zu sehen, welche die Heilige Dreifaltigkeit preist, wenn dieser Rosenkranz gebetet wird.

Ich habe bemerkt, dass der Dreifaltigkeitsrosenkranz mir geholfen hat, mein Gebetsleben zu vertiefen, und ich ermutige alle, die eine tiefere Spiritualität suchen, ihn auch zu beten. Der Dreifaltigkeitsrosenkranz ist eine Betrachtung über Gott, die allen Betern viele Gnaden schenkt.

Der Rosenkranz kann immer gebetet werden, doch schlage ich vor, dass es eine sehr gute Zeit wäre, den Dreifaltigkeitsrosenkranz zu beten, nachdem Sie ihre normalen Rosenkränze für diesen Tag beendet haben.

Am 8. August 1996 versprach Unsere Liebe Frau den Betern dieses Rosenkranzes folgende Gnaden:

1) Durch den Dreifaltigkeitsrosenkranz werden den Seelen im Fegefeuer Gnaden gewährt.
2) Durch den Dreifaltigkeitsrosenkranz werden den Leidenden Gnaden gewährt.
3) Durch den Dreifaltigkeitsrosenkranz werden denjenigen Gnaden gewährt, die Gott näherkommen wollen.

Dieser Rosenkranz beginnt direkt mit dem Kreuzzeichen und:

11 Vaterunser in Betrachtung über Gott, den Vater
1 Ehre sei dem Vater in Gedanken an den Vater in der Heiligen Dreifaltigkeit
11 Vaterunser in Betrachtung über den Herrn Jesus
1 Ehre sei dem Vater in Gedanken an Jesus in der Heiligen Dreifaltigkeit
11 Vaterunser in Betrachtung über den Heiligen Geist
1 Ehre sei dem Vater in Gedanken an den Heiligen Geist in der Heiligen Dreifaltigkeit
1 Salve Regina („Gegrüßet seist du, Königin, Mutter der Barmherzigkeit“) zum Schluss und das Kreuzzeichen.

Bücherliste von Alan Ames:

Durch die Augen Jesu	3 *Bände 224/240/240 Seiten*
Der eucharistische Rosenkranz *geheftet, mit Rosenkranz und Gebetsbild*	*64 Seiten*
Leben aus Gnade	*224 Seiten*
Leben aus dem Heiligen Geist	*288 Seiten*
Jenseits des Schleiers	*320 Seiten*
Geschichten der Liebe	*208 Seiten*
Salam – Shalom	*208 Seiten*
Was ist Wahrheit	*128 Seiten*
Wähle also das Leben!	*128 Seiten*
Frieden finden	*160 Seiten*
Worte Mariens	*240 Seiten*
Jesus ist Liebe	*224 Seiten*
Über Seher und das Ruhen im Geist	*32 Seiten*
Gott erfahren	*47 Seiten*
Gott ist mit uns	*192 Seiten*
Alles, was ICH BIN	*128 Seiten*

Königin des Kreuzes
Gnadenbild nach einer Vision
Die Gottesmutter bittet um die Verbreitung dieses Bildes und verspricht allen, die sie als Königin des Kreuzes verehren, reiche Gnaden: „Wenn diese Gebete gesprochen werden und mein Bild als Königin des Kreuzes im Herzen bewegt wird, wird die Person, die betet, eine Gnade von Gott erlangen."

№: 7256, Gebetszettel im 10'er-Pack

Maria, Königin des Kreuzes

DVD: Alan Ames – mediabook
Ein Portrait des australischen Mystikers Alan Ames, dessen Umkehr, seine Gebetstage und Heilungsgabe dokumentiert werden. Mit Aufnahmen von 2004, 2010 und 2017, Interviews von Wegbegleitern, Fotostrecke und Booklet (Titel: *Gott erfahren*).
Inhalte:

1. Alan Ames in Frankfurt 2017 (25 Min.)
2. Vom Saulus zum Paulus – Filmportrait (80 Min.)
3. Interview mit Alan Ames (34 Min.)
4. Moritz Schneider, Interview 2018 (10 Min.)
5. Heroldsbach – Gespräch mit P. Dietrich von Stockhausen (12 Min.)
6. Übersetzerin Felicitas Gräfin Piccolomini (11 Min.)
7. Bücher von Alan Ames (6 Min.)

Laufzeit: ca. 3 Stunden, №: 6734

Bestelladresse:

Brühlweg 1 · D-79798 Jestetten
Telefon: 07745 / 929830
E-Mail: info@miriam-verlag.de
Internet: www.miriam-verlag.de